일본어 독해력 완성 프로그램
다락원 일한 대역문고
중급
10

마지막 수업

最後の授業

尾崎達治 日訳·訳註

다락원

머리말

『다락원 일한 대역문고』 중급 시리즈는 일본어 중급 학습자들이 일본어 명문들을 즐겁고 효과적으로 읽으며 고급 수준으로 독해력을 발전시키는 것을 목표로 만들었습니다.
일본어 기초가 완성된 중급 단계의 학습자가 일본어 실력을 향상시키기 위해서는 수준에 맞는 좋은 문장을 많이 접하여 어휘의 자연스럽고 정확한 쓰임을 익히는 것이 중요합니다. 너무 쉽거나 어려운 글을 읽으면 자칫 일본어 학습에 흥미를 잃어버리게 될 수도 있기 때문입니다.
현행 일본 초등학교와 중학교 국어교과서에 실린 명문을 비롯하여 일본 현대소설과 우리에게 익숙한 외국 소설의 일본어 번역 등 다양한 장르의 이야기들은 자연스럽게 일본어 문장의 깊은 맛을 익히는 데 좋은 길잡이가 되어 줄 것입니다.

『다락원 일한 대역문고』 시리즈는 사전 없이 편리하게 학습할 수 있도록, 어휘 풀이는 물론 주요 문형에 대한 자세한 해설과 예문을 함께 실었습니다. 본문의 대역은 어휘의 정확한 뜻 전달을 위해 의역보다는 직역에 가깝도록 했고, 원어민의 정확한 발음으로 녹음된 오디오로 듣기 능력 향상까지 함께 기대할 수 있습니다. 『다락원 일한 대역문고』 시리즈로 일본어를 읽고 듣는 재미를 느껴 보시기 바랍니다.
여러분의 일본어 학습에 도움이 되기를 바랍니다.

다락원 일한 대역문고 연구회

『다락원 일한 대역문고』 이렇게 보세요

こんなにあたたかいし、こんなにいい天気なのだもの！

森のはずれでつぐみの歌声が聞こえ、製材所の向こうにあるリベール牧場からは、プロイセン*軍人たちが教練している声が響いていた。そんなものの方が、分詞の規則なんか[2]より、ずっと魅力的だ。だけど、ぼくは誘惑に負けなかった。大急ぎで学校まで走って行った。

이렇게 따뜻하고, 이렇게 날씨가 좋은 걸!

숲 주변에서 지빠귀의 노랫소리가 들리고, 제재소 건너편에 있는 리베르 목장에서는 프로이센 군인들이 훈련하고 있는 소리가 울려 퍼지고 있었다. 그런 것들이 분사 규칙 같은 것보다 훨씬 매력적이다. 그렇지만 나는 유혹에 넘어가지 않았다. 서둘러 학교까지 달려갔다.

こんなに 이렇게, 이토록
～なのだ ~인 것이다, ~이란 말이다
もの ~인 걸
森 숲, 삼림
つぐみ 지빠귀
歌声 노랫소리
聞こえる 들리다
製材所 제재소
向こう 맞은편, 건너편
牧場 목장 =まきば
軍人 군인
規則 규칙
ずっと 훨씬
魅力的だ 매력적이다
だけど 그렇지만, 그러나 =だけれども
誘惑 유혹
負ける 지다, 넘어가다
大急ぎだ 몹시 서두르다, 몹시 급하다

10

2 ～なんか ~ 같은 것, ~ 따위

부정적인 태도로 예시하는 것을 나타낸다.

あなたなんかが買える物ではない。
너 같은 사람이 살 수 있는 물건이 아니야.

★ プロイセン (Preussen)

독일 북부 지방. 과거 독일의 가장 강대한 왕국으로 독일 통일의 핵심을 이루었다. 제2차 세계 대전 이후 독일과 폴란드로 분할되었다.

11

어휘 설명

자세한 해설과 함께, 히라가나로 실린 단어 중 한자를 알아두면 좋은 어휘에는 한자 표기를 병기했습니다.
사진 자료는 어휘 해설에 대한 빠르고 정확한 이해를 도와줍니다.

문형 해설

주요 문형의 뜻풀이와 접속을 예문과 함께 알기 쉽게 정리했습니다.

보충 해설

자세한 설명으로 내용 이해를 도와줍니다.

일러두기

일본어의 한국어 표기는 다음과 같습니다.
장음은 단음으로 표기했습니다. 예 大阪 — 오사카
발음 표기는 로마자 표기의 발음에 따랐습니다. 예 つかう (tsukau) — 츠카우
촉음은 'ㅅ'으로 표기했습니다.

문형 접속 해설에 쓰인 활용형의 설명은 다음과 같습니다.
ます형(연용형) — ます가 붙기 이전의 형태
ない형 — ない가 붙기 이전의 형태
て형・た형 — 각각 て・た가 붙은 형태
な형용사な・명사の — な형용사의 어간에 な가 붙은 형태, 명사에 の가 붙은 형태
동사・い형용사・な형용사의 기본형 — 동사・い형용사는 사전에 실려 있는 형태, な형용사는 어간에 だ가 붙은 형태
보통형 — 기본형, 부정형, 과거형, 과거부정형

오디오 CD

원어민 성우의 정확한 내레이션으로 듣는 즐거움도 쌓으세요.

목차

마지막 수업

最後の授業

最後(さいご)の授業(じゅぎょう)

—アルザス*少年(しょうねん)の話(はなし)—

その朝(あさ)、ぼくは学校にすっかり遅(おく)れてしまった。叱(しか)られると思うと、怖(こわ)くてたまらない[1]。というのは、アメル先生が、分詞(ぶんし)の問題(もんだい)を出(だ)すと言っていたけれど、ぼくは何一(なにひと)つ覚(おぼ)えていなかったのだ。一瞬(いっしゅん)、学校をサボって、野原(のはら)の方へでも遊(あそ)びに行ってしまおうかという考(かんが)えが、頭(あたま)をよぎった。

- □ 最後 마지막
- □ 授業 수업
- □ 少年 소년
- □ 話 이야기
- □ ぼく(僕) 나
- □ すっかり 완전히, 매우
- □ 遅れる 늦다, 지각하다
- □ 叱る 야단치다, 꾸짖다
- □ 怖い 무섭다
- □ というのは 그 이유는, 왜냐하면
- □ 分詞 분사
- □ 問題 문제
- □ 何一つ 하나도, 무엇 하나 〈뒤에 부정어가 옴〉
- □ 覚える 기억하다, 익히다
- □ 一瞬 순간
- □ サボる (수업을) 빼먹다, 땡땡이치다
- □ 野原 들, 들판
- □ 遊ぶ 놀다
- □ 考え 생각
- □ よぎる(過ぎる) 스치다, 지나가다

마지막 수업

알자스 소년의 이야기

그날 아침, 나는 학교에 완전히 늦어 버렸다. 야단맞을 거라고 생각하니 무서워서 견딜 수가 없다. 왜냐하면 아멜 선생님이 분사 문제를 낸다고 하셨는데 나는 하나도 외우지 않았던 것이다. 순간, 학교를 빼먹고 들판으로나 놀러가 버릴까 하는 생각이 머리를 스쳤다.

---

1 **~てたまらない ~(해)서 견딜 수 없다**
[동사 て형, い형용사 어간くて, な형용사 어간で + たまらない]

느낌이나 감정이 매우 강함을 나타낸다.

僕(ぼく)はあの自転車(じてんしゃ)がほしくてたまらなかった。
나는 저 자전거가 갖고 싶어 견딜 수 없었다.

★ アルザス(Alsace)

프랑스 북동부, 독일 라인 강 서쪽 기슭에 있는 지방이다. 예로부터 독일과 프랑스의 분쟁 지역으로 라인 강 부근에서는 섬유 · 식품 · 금속 · 화학 공업이 발달하였고, 내륙에서는 밀 · 옥수수 · 포도 재배가 발달하였다.

こんなにあたたかいし、こんなにいい天気なのだもの！

森のはずれでつぐみの歌声が聞こえ、製材所の向こうにあるリペール牧場からは、プロイセン[*]軍人たちが教練している声が響いていた。そんなものの方が、分詞の規則なんか[2]より、ずっと魅力的だ。だけど、ぼくは誘惑に負けなかった。大急ぎで学校まで走って行った。

- □こんなに 이렇게, 이토록
- □～なのだ ~인 것이다, ~이란 말이다
- □もの ~인 걸
- □森 숲, 삼림
- □はずれ(外れ) 변두리, 가장자리
- □つぐみ 지빠귀
- □歌声 노랫소리
- □聞こえる 들리다

- □製材所 제재소
- □向こう 맞은편, 건너편
- □牧場 목장 ＝まきば
- □軍人 군인
- □～たち ~들 〈사람을 가리키는 말에 붙어 복수의 뜻을 나타냄〉
- □教練 교련, 군사 훈련
- □響く 울리다, 울려퍼지다
- □規則 규칙
- □ずっと 훨씬
- □魅力的だ 매력적이다
- □だけど 그렇지만, 그러나 ＝だけれども
- □誘惑 유혹
- □負ける 지다, 넘어가다
- □大急ぎだ 몹시 서두르다, 몹시 급하다

이렇게 따뜻하고, 이렇게 날씨가 좋은 걸!

숲 주변에서 지빠귀의 노랫소리가 들리고, 제재소 건너편에 있는 리페르 목장에서는 프로이센 군인들이 훈련하고 있는 소리가 울려 퍼지고 있었다. 그런 것들이 분사 규칙 같은 것보다 훨씬 매력적이다. 그렇지만 나는 유혹에 넘어가지 않았다. 서둘러 학교까지 달려갔다.

2 **~なんか ~ 같은 것, ~ 따위** [명사+なんか]

부정적인 태도로 예시하는 것을 나타낸다.

あなたなんかが買える物ではない。

너 같은 사람이 살 수 있는 물건이 아니야.

*** プロイセン (Preussen)**

독일 북부 지방. 과거 독일의 가장 강대한 왕국으로 독일 통일의 핵심을 이루었다. 제2차 세계 대전 이후 독일과 폴란드로 분할되었다.

村役場の前にさしかかったとき、金網で覆われた貼り紙の近くに、人だかりができているのを見た。二年前から、敗戦だとか、徴発だとか、プロイセン軍司令部からの命令だとかの、あらゆる悪い知らせがもたらされてきたのは、この場所からだった。ぼくは立ち止まらないで思った。

「今度は何があったんだろう」

- □ 村役場 면사무소
- □ さしかかる(差し掛かる) 다다르다, 접어들다
- □ 金網 철망
- □ 覆う 덮다
- □ 貼り紙 벽보
- □ 近く 근처, 가까운 곳
- □ 人だかり 많은 사람들이 모임, 군중
- □ できる 생기다
- □ 敗戦 패전
- □ ～とか ～라든가, ～거니
- □ 徴発 징발, 징용
- □ 軍司令部 군사령부
- □ 命令 명령
- □ あらゆる 온갖, 모든
- □ 悪い 나쁘다, 좋지 않다
- □ 知らせ 소식, 통지
- □ もたらす 가져오다, 초래하다, 야기하다
- □ 場所 장소
- □ 立ち止まる 멈춰서다
- □ 今度 이번
- □ ～んだ ～인 것이다 =のだ

면사무소 앞에 다다랐을 때, 철망으로 덮인 벽보 근처에 사람들이 많이 모여 있는 것을 보았다. 2년 전부터 패전이니 징발이니 프로이센 군사령부로부터의 명령이니 하는 온갖 나쁜 소식이 전해진 것은 이 장소에서였다. 나는 멈춰서지 않고 생각했다.

'이번엔 무슨 일이 있는 걸까?'

すると、ぼくが走(はし)りすぎようとした[3]ところ[4]を、お弟子(でし)さんと一緒(いっしょ)に貼り紙を読んでいた、鍛冶屋(かじや)のヴァシュテールさんが、大声(おおごえ)で呼(よ)びかけた。

「おい、あんまり慌(あわ)てるこたあない[5]ぞ。どうせ、学校には十分(じゅうぶん)間(ま)に合(あ)うだろうからな！」

何をからかっているんだろうと思いながら、息(いき)せき切(き)って、アメル先生の教室(きょうしつ)の中庭(なかにわ)に駆(か)けこんだ。

- □ すると 그러자
- □ 走りすぎる 달리며 지나가다
- □ お弟子 제자, 문하생〈お는 존경어〉
- □ 一緒に 함께
- □ 鍛冶屋 대장장이
- □ 大声 큰 소리
- □ 呼びかける 말을 걸다
- □ おい 친한 사이나 손아랫사람을 부르는 말, 어이, 이봐
- □ あんまり 너무,그렇게, 그다지 =あまり
- □ 慌てる 몹시 서두르다
- □ 〜こたあ 〜것은〈ことは의 거친 말투〉
- □ 〜ぞ (대등하거나 손아랫사람에게) 자기의 생각을 강하게 주장함을 나타냄
- □ どうせ 어차피
- □ 十分 충분히
- □ 間に合う 시간에 늦지 않게 대다
- □ 〜な 〜말이지〈가벼운 단정·주장이나 다짐을 나타냄〉
- □ からかう 놀리다
- □ 〜ながら 〜하면서
- □ 息せき切る 숨을 헐떡이다
- □ 教室 교실
- □ 中庭 안뜰
- □ 駆けこむ 뛰어들어가다, 뛰어들다

그러자 내가 막 달려 지나가려는 것을, 조수와 함께 벽보를 읽고 있던 대장장이 바슈테르 씨가 큰 소리로 불렀다.

“얘야, 너무 서두를 것 없어. 어차피 학교에는 충분히 제시간에 갈 수 있을 테니까!”

‘뭘 놀리고 있겠지’ 라고 생각하면서 숨을 헐떡이며, 아멜 선생님의 교실 안뜰로 뛰어들어갔다.

---

3 ～よ(う)とする ～하려고 하다 [동사 의지형+とする]

어떤 일을 하기 직전의 상태를 나타낸다.

彼(かれ)は新(あたら)しいビジネスを始(はじ)めようとしている。
그는 새로운 사업을 시작하려고 한다.

4 ～たところ ～한 순간 , 막 ～한 참 [동사 た형+ところ]

어떤 일이 일어난 바로 직후를 나타낸다.

彼女(かのじょ)は彼が建物(たてもの)を出(で)てきたところを見た。
그녀는 그가 건물을 막 나온 것을 보았다.

5 ～ことはない ～할 것 없다, ～할 필요 없다 [동사 기본형+ことはない]

불필요, 조언, 충고 등을 타나낸다.

心配(しんぱい)することはありません。
걱정할 것 없습니다.

ふだんは、授業が始まるとき、大騒ぎになっているのが通りまで聞こえてきた。机の蓋をばたばたさせたり、ちゃんと頭に入るように[6]耳を塞いで銘々が大声で教科書を読んだり、先生が「もう少し静かにしなさい！」と叫びながら、大きな定規で教卓を叩いたりしていた。

ぼくは、その騒ぎに乗じて、ちゃっかり自分の席に忍びこんでやろう[7]と、たくらんでいた。ところが、なんと

- □ ふだん 평소, 여느 때
- □ 始まる 시작되다
- □ 大騒ぎ 야단법석, 대소동
- □ 通り 큰길, 도로
- □ 蓋 뚜껑
- □ ばたばた 계속 부딪는 모양, 쿵쾅
- □ ちゃんと 제대로, 분명히
- □ 頭に入る 머리에 들어오다
- □ 塞ぐ 막다
- □ 銘々 각자
- □ 教科書 교과서
- □ ～た(だ)り～た(だ)りする ~하기도 하고 ~하기도 하다, ~하거나 ~하거나 하다
- □ もう少し 좀 더
- □ 静かだ 조용하다
- □ ～なさい (동사 ます형에 붙어) ~해라
- □ 叫ぶ 소리 지르다, 외치다
- □ 定規 자
- □ 教卓 교탁
- □ 叩く 두드리다
- □ 騒ぎ 소란, 떠들썩함, 혼잡
- □ 乗じる 틈타다, 편승하다
- □ ちゃっかり 빈틈없이, 약삭빠르게
- □ 自分 자기, 자신
- □ 席 자리
- □ 忍びこむ 몰래 들어가다
- □ たくらむ (좋지 않은 일을) 계획하다, 꾸미다
- □ ところが 그러나, 그런데
- □ なんと 놀랍게도

평소에는 수업이 시작될 때 굉장히 떠들썩한 소리가 큰길까지 들려왔었다. 책상 뚜껑을 쿵쾅거리며 여닫거나, 제대로 머리에 들어오도록 귀를 막고 각자 큰 소리로 교과서를 읽거나, 선생님이 "좀 조용히 해라!" 하고 소리 지르며 큰 자로 교탁을 두드리거나 했었다.

나는 그 소란을 틈타 재빨리 내 자리로 몰래 들어가겠다고 계획했었다. 그런데 놀랍게도

---

6 ～ように ～하도록 [동사 기본형+ように]

소원, 희망, 목적을 나타낸다.

字(じ)がよく見えるように大きく書いてください。
글자가 잘 보이도록 크게 써 주세요.

7 ～てやる ~(하)고 말겠다 [동사 て형+やる]

도전하는 마음을 나타낸다.

今度(こんど)の試合(しあい)では必(かなら)ず勝(か)ってやると決心(けっしん)した。 다음 시합에서는 반드시 이기고 말겠다고 결심했다.

その日に限(かぎ)って[8]、すっかり静(しず)まり返(かえ)っていて、まるで日曜日の朝みたいだった。開(ひら)いた窓(まど)からは、級友(きゅうゆう)たちがすでにきちんと着席(ちゃくせき)しており、アメル先生が、あの恐(おそ)ろしい定規をかかえて、行ったり来たりしているのが見えた。その静寂(せいじゃく)のまっただ中(なか)へ、扉(とびら)を開(あ)けて入(はい)らなくてはいけないのだ。想像(そうぞう)してほしい[9]。それが、どんなに恥(は)ずかしく、どんなに怖(こわ)かったことか！

- □ 静まり返る 아주 조용해지다 〈동사 ます형+返る 완전히 ~되다〉
- □ まるで 마치
- □ ～みたいだ (동사 · い형용사 보통형, な형용사 어간, 명사에 붙어서) ~같다, ~와 비슷하다
- □ 開く 열리다
- □ 窓 창문
- □ 級友 급우
- □ すでに 이미
- □ きちんと 정확히, 깔끔히
- □ 着席する 자리에 앉다
- □ ～ており ~하고 있고 =～ていり
- □ 恐ろしい 무섭다
- □ かかえる(抱える) 안다, 끼다
- □ 静寂 정적
- □ まっただ中 한가운데
- □ 扉 문
- □ 開ける 열다
- □ 入る 들어가다
- □ ～なくてはいけない (동사 ない형에 붙어) ~하지 않으면 안 된다, ~해야 한다
- □ 想像する 상상하다
- □ どんなに～ことか 얼마나 ~는지!
- □ 恥ずかしい 부끄럽다

그날따라 아주 조용해서 마치 일요일 아침 같았다. 열린 창문으로는 반친구들이 이미 단정하게 자리에 앉아 있고, 아멜 선생님이 그 무서운 막대기자를 끼고 왔다 갔다 하고 있는 것이 보였다. 그 고요함의 한가운데에 문을 열고 들어가야 했던 것이다. 상상해 주기 바란다. 그것이 얼마나 부끄러웠고, 얼마나 무서웠는지!

---

8 **～に限って ～따라, ～만은, ～에 한해서** [명사+に限って]

그것만이 다른 것들과 같지 않다는 것을 나타낸다.

今日(きょう)に限って免許証(めんきょしょう)を持(も)たずに家(いえ)を出た。
오늘따라 면허증을 안 가지고 집을 나갔다.

9 **～てほしい ～해 주었으면 한다, ～(하)기 바란다** [동사 て형+ほしい]

다른 사람의 행동을 원하고 있음을 나타낸다.

ちょっと手伝(てつだ)ってほしいんですけど。
좀 도와주었으면 하는데요.

ところが、意外(いがい)なことに[10]、アメル先生は、怒(おこ)りもせずにぼくを見(み)つめ、とてもやさしく、こう言った。

「さあ、早(はや)く席(せき)に着(つ)きなさい、フランズ君(くん)。きみを残(のこ)して授業を始(はじ)めるところだった[11]よ」

ぼくは、長椅子(ながいす)をまたぎ、すぐに自分の席に着いた。そして、やっと少(すこ)し落(お)ち着(つ)いたとき、先生が、美(うつく)しい緑(みどり)のフロックコート*を着(き)て、細(こま)かいひだのある胸飾(むねかざ)りを

- □意外だ 뜻밖이다
- □怒る 화를 내다
- □～もせずに ~(하)지도 않고
- □見つめる 쳐다보다
- □やさしい(優しい) 다정하다, 부드럽다
- □さあ 남에게 권유하거나 재촉할 때 하는 소리, 자
- □席に着く 자리에 앉다
- □～君 동료나 손아랫사람의 이름에 붙이는 가벼운 높임말, ~군
- □きみ 너, 자네
- □残す 남기다
- □始める 시작하다
- □長椅子 긴 의자
- □またぐ(跨ぐ) 가랑이를 벌리고 넘다
- □すぐ(に) 곧, 즉시
- □やっと 겨우, 드디어
- □落ち着く 진정되다
- □美しい 아름답다
- □緑 초록빛, 녹색
- □細かい 잘다, 자세하다
- □ひだ 주름
- □胸飾り 가슴 장식, 자보(jabot)

그런데 뜻밖에도 아멜 선생님은 화도 내지 않고 나를 바라보며, 아주 다정하게 이렇게 말했다.

"자, 어서 자리에 앉아라, 프란츠. 너를 빼놓고 수업을 시작할 뻔했구나."

나는 긴 의자를 넘어 얼른 내 자리에 앉았다. 그리고 겨우 조금 진정되었을 때, 선생님이 아름다운 초록빛 프록 코트를 입고, 잔주름이 잡힌 가슴 장식을

---

10 ～ことに ～(하)게도 [동사 た형, い형용사 기본형, な형용사な+ことに]

뒤에 이어지는 내용에 대한 느낌이나 감정 등을 나타낸다.

うれしいことに、父が旅費(りょひ)を出してくれた。
기쁘게도 아버지가 여비를 내 주셨다.

11 ～ところだ ～할 뻔하다 [동사 기본형+ところだ]

어떤 일을 가까스로 면했다는 것을 나타낸다.

危(あや)うく飛行機(ひこうき)に乗(の)り遅(おく)れるところだった。
하마터면 비행기를 놓칠 뻔했다.

*** フロックコート(frock coat)**

서양식 예복의 하나. 18세기 말에서 19세기 말까지 일반 남성이 착용한 긴 웃옷과 줄무늬가 있는 바지의 한 벌로 보통 검은색이며 웃옷 길이가 무릎까지 내려온다.

つけ、絹(きぬ)の黒(くろ)い刺繍(ししゅう)のある縁(ふち)なし帽(ぼう)をかぶっているのが、はじめて目(め)に入(はい)った。それは、視察(しさつ)の日や表彰式(ひょうしょうしき)などに着るような[12]服装(ふくそう)だった。そのうえ、教室全体(ぜんたい)が、何(なに)かいつもと違(ちが)った厳粛(げんしゅく)さに包(つつ)まれていた。だけど、もっと驚(おどろ)いたことは、部屋(へや)の隅(すみ)の方の、いつもは空(あ)いている長椅子に、村の人たちが座(すわ)って、ぼくたちと同(おな)じく、おとなしくしていたのだ。そこには、三角帽(さんかくぼう)をかぶったオゼールじいさんや、むかし村長(そんちょう)さんだった

□絹 명주, 비단
□刺繍 자수
□縁 가장자리, 테두리
□縁なし帽 테 없는 모자
□かぶる (모자를) 쓰다
□はじめて 비로소
□目に入る 눈에 들어오다
□視察 시찰
□表彰式 표창식
□服装 옷차림, 복장
□そのうえ 게다가
□全体 전체

□何か 무엇인가
□いつも 여느 때, 평상시
□違う 다르다
□厳粛さ 엄숙함
□包む 둘러싸다
□もっと 더욱
□驚く 놀라다
□部屋 방
□隅 구석
□空く 비다
□村 마을
□座る 앉다

□同じく 마찬가지로
□おとなしい 얌전하다, 조용하다
□三角帽 삼각 모자
□じいさん 영감님, 할아버지
□むかし(昔) 옛날, 예전
□村長 면장
□～さん ～씨, ～님, ～선생 〈인명 · 직명에 붙어 경의나 친근감을 나타냄〉

달고, 자수가 놓인 테 없는 검은 비단 모자를 쓰고 있는 것이 비로소 눈에 들어왔다. 그것은 시찰이 있는 날이나 표창식 등에 입을 듯한 옷차림이었다. 게다가 교실 전체가 무언가 여느 때와 다른 엄숙함에 둘러싸여 있었다. 그러나 더욱 놀랐던 것은, 교실 구석의 평소에는 비어 있는 긴 의자에 마을 사람들이 앉아서 우리들과 마찬가지로 조용히 하고 있었던 것이다. 거기에는 삼각 모자를 쓴 오제르 영감님이랑, 예전 면장을 지냈던

12 **~ようだ ~것 같다, ~듯하다**

[동사 · い형용사 보통형, な형용사な, 명사の+ようだ]

비유하거나 비교하는 뜻을 나타낸다.

彼女(かのじょ)は日本人のように日本語を話す。
그녀는 일본인처럼 일본어를 한다.

人や、むかし郵便屋さんだった人や、その他の人たちもいた。みんな、なんだか悲しそうだった[13]。それに、オーゼールじいさんは、縁がボロボロになったアルファベット練習帳を持っていて、それをひざの上で大きく開き、その上に、大きな眼鏡を載せていた。

ぼくが目を白黒させているうちに[14]、アメル先生は教壇へ上がり、ぼくを迎え入れてくれたときと同じく、しずかな低い声で話した。

- □郵便屋 우체부
- □その他 그 외
- □みんな 모두
- □なんだか 어쩐지, 웬일인지, 무엇인지
- □悲しい 슬프다
- □それに 게다가, 더욱이
- □ボロボロ 남루한 모양, 너덜너덜
- □アルファベット 알파벳
- □練習帳 연습장
- □ひざ 무릎
- □開く 펴다, 열다
- □眼鏡 안경
- □載せる 위에 놓다, 얹다
- □目を白黒させる 눈을 희번덕거리다, 어리둥절하다
- □教壇 교단
- □上がる 오르다
- □迎え入れる 맞아들이다
- □低い 낮다

사람이랑, 예전 우체부였던 사람이랑, 그 밖의 사람들도 있었다. 어쩐지 모두 슬퍼 보였다. 게다가 오제르 영감님은 가장자리가 너덜너덜해진 알파벳 연습장을 갖고 있더니, 그것을 무릎 위에 크게 펼치고, 그 위에 큰 안경을 얹어 놓고 있었다.

내가 어리둥절해 하는 동안에 아멜 선생님은 교단에 올라가 나를 맞아들였을 때와 마찬가지로 조용하고 낮은 목소리로 말씀하셨다.

---

13 ～そうだ ~인 것 같다, ~할 것 같다
[동사 ます형, い형용사 · な형용사 어간+そうだ]

말하는 사람이 보거나 들은 것으로 판단한 상태를 나타낸다.

雨(あめ)が降(ふ)りそうです。
비가 올 것 같아요.

14 ～うちに ~(하)는 동안에
[동사 ている형, い형용사 기본형, な형용사な, 명사の＋うちに]

'~의 상태일 때 ~하다'라는 뜻을 나타낸다.

熱(あつ)いうちに食(た)べてください。
뜨거울 때 드세요.

「諸君、今回が、私の最後の授業です。ベルリンから命令がくだり、アルザス地方とロレーヌ*地方の学校では今後、ドイツ語しか教えてはいけないことになりました[15]……新しい先生が、明日来られます。今日は、フランス語の最後の授業になります。しっかり聞いていただきたい[16]。」

その話は手短ではあったけれど、ぼくにはショックだった。ああ、なんてやつらだ！ そうか、村役場に貼り出されていたのは、そのことだったのか。

□ **諸君** 여러분
□ **今回** 이번
□ **ベルリン** 베를린 〈독일의 수도〉
□ **くだる** (명령 · 판결 등이) 내려지다
□ **地方** 지방
□ **今後** 앞으로, 이후
□ **ドイツ語** 독일어
□ **教える** 가르치다
□ **〜しか** 〜밖에, 〜이외에는 〈뒤에 부정어가 옴〉
□ **明日** 내일 ＝あす
□ **フランス語** 프랑스어
□ **しっかり** 착실히, 열심히
□ **手短だ** 짤막하고 간단하다
□ **ショックだ** 충격적이다
□ **なんて** 어쩌면 그렇게
□ **やつら** 놈들 〈やつ의 복수〉
□ **貼り出す** 게시하다, 내걸다

"여러분, 이번이 저의 마지막 수업입니다. 베를린에서 명령이 내려져서 알자스 지방과 로렌 지방의 학교에서는 앞으로 독일어 외에는 가르쳐서는 안 되게 되었습니다……새로운 선생님께서 내일 오십니다. 오늘은 프랑스어로 하는 마지막 수업이 됩니다. 열심히 들어 주시기 바랍니다."

그 이야기는 짤막하고 간단했지만 나에게는 충격이었다. 아, 어쩌면 그런 놈들이 다 있을까! 그렇구나, 면사무소에 내걸린 게 그거였구나.

---

15 ～ことになる ~(하)게 되다 [동사 기본형 · 부정형+ことになる]

자신의 의지와 상관없이 어떤 상황에 따라 결정되거나 어떤 결과가 되었다는 의미를 나타낸다.

私は彼といっしょに仕事(しごと)をすることになった。
나는 그와 함께 일을 하게 되었다.

16 ～ていただきたい ~해 주셨으면 한다 [동사 て형+いただきたい]

정중하게 다른 사람의 행동을 원하는 것을 나타낸다.

私の書いた日本語を見ていただきたいんですが、お時間ありますか。
제가 쓴 일본어를 봐 주셨으면 하는데 시간이 있으세요?

★ ロレーヌ(Lorraine)

프랑스 북동부, 독일과의 국경에 있는 지방이다. 지하자원이 풍부하고 용수 공급이 원활하여 중공업이 발달하였다. 낭시, 메스 등의 공업 도시가 많다. 특히 철생산은 유럽 제1위이며 그 때문에 예로부터 독일 · 프랑스 양국간의 분쟁지가 되었다.

これが、フランス語での最後の授業だなんて[17]……。

でも、ぼくはやっと字が書けるだけだった。ということは、ぼくはもう決して読み書きできるようにはならない[18]のだ。これでおしまいだ。……むだに過ごした時間が、今は何と悔やまれることか。鳥の巣を探し回ったり、サール川で滑って遊んだりして、授業に出なかったことが。あの時は、嫌だ、重たい、なんて思って[19]いた、文法だとか、聖書物語だとかの本が、今では、前からの友だちみたいで、別れるのがとてもつらい。アメル先生

- □ 字 글자, 글씨
- □ ということは 그렇다면, 요컨대
- □ 決して 결코〈뒤에 부정어, 금지어가 옴〉
- □ 読み書き 읽고 쓰기
- □ おしまい 끝, 마지막〈おは 미화어〉
- □ むだ(無駄)に 헛되게
- □ 過ごす (시간을) 보내다
- □ 時間 시간
- □ 悔やむ 후회하다, 뉘우치다
- □ 巣 둥지
- □ 探し回る 찾아다니다
- □ 滑る (얼음을) 지치다
- □ 出る 나오다
- □ 嫌だ 싫다
- □ 重たい 무겁다, 답답하다
- □ 文法 문법
- □ 聖書 성서
- □ 物語 이야기
- □ 以前 이전
- □ 別れる 헤어지다
- □ つらい 괴롭다

이것이 프랑스어로 하는 마지막 수업이라니…….

하지만 나는 겨우 글자를 쓸 수 있을 뿐이었다. 그렇다면 나는 이제 결코 읽고 쓸 수 있게 되지는 않을 것이다. 이것으로 끝이다. ……헛되이 보낸 시간이 지금은 얼마나 후회되는지. 새 둥지를 찾아다니거나, 자르강에서 얼음을 지치고 놀거나 하면서 수업에 나가지 않았던 일들이. 그때는 싫다, 무겁다고 생각했던 문법이라든지 성서 이야기라든지 하는 책들이 이제는 이전부터 사귄 친구 같아서 헤어지는 것이 무척 괴롭다. 아멜 선생님은

---

17 ～なんて　~이라니, ~하다니
[동사 · い형용사 보통형, な형용사 기본형, 명사だ+なんて]

놀람, 비판의 뜻을나타낸다.

彼が病気(びょうき)だなんて信(しん)じられない。
그가 아프다니 믿어지지 않는다.

18 ～ようになる　~(하)게 되다 [동사 기본형 · 부정형+ようになる]

상태나 습관의 변화를 나타낸다.

彼女は泳(およ)げるようになりました。
그녀는 헤엄칠 수 있게 되었습니다.

19 ～なんて思う　~(이)라고 생각하다
[동사 · い형용사 · な형용사 보통형, 명사+なんて思う]

생각한 내용을 약간 놀라거나 부정적으로 느끼면서 인용하는 것을 나타낸다.

彼女のことを憎(にく)らしいなんて思ったことは一度(いちど)もない。
그녀를 얄밉다고 생각한 적은 한 번도 없다.

なんか、もっとつらいはずだ[20]。先生は去ってしまうんだ、もう会えないんだ。そう思うと、叱られたこととか、定規でぶたれたことなんか、すっかり忘れてしまうのだった。

かわいそうな先生！

先生が晴れ着を着ているのは、最後の授業に敬意を表していたのだ。そして、なぜ村の老人たちがやって来て、この教室の隅っこに座っているのか、今やっと分かった。それはまるで、もっとせっせとこの学校に

- □ ～なんか ~같은 것, ~은/는 〈강조의 뜻을 나타냄〉
- □ もっと 더
- □ 去る 떠나다, 가다
- □ ぶつ 때리다
- □ 忘れる 잊다
- □ かわいそうだ 가엾다
- □ 晴れ着 화려한 장소에 나갈 때 입는 옷, 나들이옷
- □ 敬意 경의
- □ 表す 표하다, 나타내다
- □ なぜ 왜
- □ 老人 노인
- □ やって来る 찾아오다
- □ 隅っこ 구석 =隅(すみ)
- □ せっせと 부지런히

특히 더 괴로울 것이다. 선생님은 떠나 버리는 것이다, 이제 만날 수 없는 것이다. 그렇게 생각하니, 꾸중을 들었던 일이나 자로 맞았던 일 같은 것은 완전히 잊어버리고 말았다.

가엾은 선생님!

선생님이 정장을 입고 있는 것은 마지막 수업에 경의를 표하고 있었던 것이다. 그리고 왜 마을 노인들이 찾아와서 이 교실 구석에 앉아 있는지 이제 겨우 알았다. 그것은 마치 좀 더 부지런히 이 학교에

---

20 ～はずだ (당연히) ~할 것이다

[동사 · い형용사 보통형, な형용사な, 명사の+はずだ]

객관적인 근거를 바탕으로 한 추측을 나타낸다.

彼はきのう日本へ行ったから、今日は来ないはずだ。
그는 어제 일본에 갔으니까 오늘은 오지 않을 것이다.

通(かよ)わなかったことを後悔(こうかい)しているふうに見えた。それはまた、四十年のあいだ勤(つと)めてくれた先生にお礼(れい)を言いに来たというふうでもあったし、消(き)えていく祖国(そこく)に義理(ぎり)をはたしているというふうでもあった。

　そんなことを思っていたとき、ぼくの名前(なまえ)が呼(よ)ばれた。ぼくが暗唱(あんしょう)する番(ばん)だった。もし、この恐ろしい分詞(ぶんし)の規則(きそく)を、完璧(かんぺき)に、大きな声で、はきはきと、間違(まちが)わずに言えたなら[21]、どんなことでもするだろう。けれど、

- □ 通う 다니다, 왕래하다
- □ 後悔する 후회하다
- □ ふう(風) 모양, 모습
- □ あいだ(間) 동안
- □ 勤める 근무하다, 종사하다
- □ お礼 감사(의 말), 사례
- □ 消える 사라지다
- □ 祖国 조국
- □ 義理 의무, 도리
- □ はたす(果たす) 다하다, 완수하다
- □ 名前 이름
- □ 呼ぶ 부르다
- □ 暗唱する 암송하다
- □ 番 차례, 순서
- □ もし 만약
- □ 完璧だ 완벽하다
- □ はきはき(と) 또박또박, 시원시원
- □ 間違う 틀리다
- □ けれど 하지만 ＝けれども

다니지 않았던 것을 후회하고 있는 것 같이 보였다. 그것은 또 40년 동안 근무해 주신 선생님께 감사의 인사를 하러 온 것 같기도 했고, 사라져 가는 조국에 도리를 다하고 있는 것 같기도 했다.

그런 것을 생각하고 있었을 때 내 이름이 불렸다. 내가 암송할 차례였다. 만일 이 무서운 분사 규칙을 완벽하게, 큰 소리로 또박또박 틀리지 않고 말할 수 있었다면 어떤 일이라도 했을 것이다. 하지만

---

21 ~たなら ~했다면 [동사 · い형용사 · な형용사 과거형+なら]

현실과 다른 가상적인 상황을 나타낸다.

彼がこの場(ば)にいたなら私たちの成功(せいこう)を喜(よろこ)んでくれただろう。 그가 이 자리에 있었다면 우리들의 성공을 기뻐해 주었을 것이다.

ぼくはのっけからこんがらがってしまい、胸(むね)ははりさけそうになって、頭も挙(あ)げられず、席のところ[22]で立(た)ったまま[23]もじもじしていた。アメル先生がぼくに話す声が聞こえた。

「フランズ君、きみを叱(しか)りはしない。罰(ばつ)はもう十分(じゅうぶん)受(う)けているはずだから……それがきみの受けている罰だ。毎日(まいにち)、こう思っていたろう。なあに、時間はたっぷりあるさ。勉強(べんきょう)なら明日やろうってね。ところがついに、

- □ のっけ 처음
- □ こんがらがる 헝클어지다, 얽히다 ＝こんがらかる
- □ 胸 가슴
- □ はりさける (가슴이) 터질 듯 하다
- □ 挙げる 들다, 쳐들다
- □ もじもじする 망설이다, 머뭇머뭇하다
- □ 叱り 꾸짖음, 꾸중
- □ 罰 벌
- □ 受ける 받다
- □ なあに 뭐
- □ たっぷり 많이, 충분히
- □ ～さ ~지〈가벼운 단정을 나타냄〉
- □ ～なら ~라면
- □ やる 하다
- □ ～って ~라고
- □ ～ね ~말이야
- □ ついに 마침내, 드디어

나는 처음부터 헷갈려서 가슴은 터질 것 같고, 고개도 들지 못하고 자리에 선 채 머뭇머뭇하고 있었다. 아멜 선생님이 나에게 말하는 소리가 들렸다.

"프란즈, 너를 꾸짖지는 않겠다. 벌은 벌써 충분히 받고 있을 테니까……. 그것이 네가 받고 있는 벌이다. 매일 이렇게 생각했을 거야. 뭐 시간은 많이 있지. 공부라면 내일 해야지 하고 말이야. 그런데 드디어

---

22 **~のところ ~(이) 있는 곳** [명사+のところ]

사람이나 사물을 나타내는 말에 이어져 그 곁을 나타낸다.

休(やす)み時間に彼は僕のところへ来た。
쉬는 시간에 그가 나에게 왔다.

23 **~たまま ~한 채로** [동사 た형+まま]

어떤 동작이나 상태가 유지된 상황에서 다른 동작이 이루어지는 것을 나타낸다.

彼女はレインコートを着(き)たまま教室(きょうしつ)に入ってきた。
그녀는 비옷을 입은 채 교실에 들어왔다.

来るときが来てしまった。ああ、いつも自分の教育(きょういく)を明日に延(の)ばしていたことが、われわれアルザス人(じん)の大きな不幸(ふこう)だったのだ。今(いま)あの人たちは私たちに言うだろう。何(なん)だって、お前(まえ)らは自分がフランス人だと言(い)い張(は)っているようだが、自分たちの言葉(ことば)を、話すことも、書くこともできないじゃないか、とね。……だけど、いとしいフランズ君よ、その罪(つみ)はきみだけに被(かぶ)せられるものじゃない。私たちみんなに、自分のしてきたことへの非(ひ)があるんだよ。

- □教育 교육
- □延ばす (시간을) 미루다
- □われわれ 우리들
- □不幸 불행
- □何だって 뭐라고?
- □お前ら 너희들〈お前의 복수〉
- □言い張る 주장하다, 우겨대다
- □言葉 말, 언어
- □いとしい(愛しい) 사랑스럽다, 귀엽다
- □罪 죄, 잘못
- □被せる 덮어씌우다, 전가하다
- □非 과오

올 때가 오고야 말았지. 아, 항상 자신의 교육을 내일로 미루었던 것이 우리 알자스 사람들의 큰 불행이었던 거야. 지금 저 사람들은 우리에게 말하겠지. 뭐라고? 너희들은 자기가 프랑스 사람이라고 우기는 것 같은데, 자기들의 언어를 말할 줄도 쓸 줄도 모르지 않느냐고 말이다. ……하지만, 사랑하는 프란츠, 그 죄는 너에게만 덮어씌울 수 있는 게 아니야. 우리 모두에게, 자기가 해왔던 일에 대한 잘못이 있는 거지.

諸君の父兄は、教育に熱心ではなかった。むしろ、諸君を畑だとか製糸工場に働きに出して、少しでも多く稼がせる方を望んでいた。私自身にも、非がなかったとはいえない[24]。授業時間に、たびたび諸君に花壇の水やりをさせたこともあった[25]。私は鱒釣りに行きたいと思ったときだって、休講することに後ろめたさを感じただろうか……」

- □父兄 학부모
- □熱心だ 열심이다
- □むしろ 오히려
- □畑 밭
- □製糸 제사, 고치니 솜 따위로 실을 만듦
- □工場 공장
- □働く 일하다
- □出す 내보내다
- □稼ぐ 벌다
- □望む 원하다
- □自身 자신
- □たびたび 자주, 여러 번
- □花壇 꽃밭
- □やる 주다
- □水やり (식물 등에) 물을 주는 일
- □させる 시키다
- □鱒釣り 송어 낚시
- □~だって ~도 또한, ~도 역시
- □休講する 휴강하다
- □後ろめたい 떳떳하지 못하다, 양심의 가책을 느끼다
- □感じる 느끼다

여러분의 학부모는 교육에 열성적이지 않았지. 오히려 여러분을 밭이나 제사 공장으로 일하러 보내서 조금이라도 많이 벌게 하는 쪽을 원했어. 나 자신에게도 잘못이 없었다고는 할 수 없지. 수업 시간에 자주 여러분에게 꽃밭에 물을 주는 일을 시켰던 적도 있었어. 나는 송어 낚시를 하러 가고 싶다고 생각했을 때도 휴강하는 데 양심의 가책을 느꼈던 걸까…….”

---

24 ～とはいえない ～(이)라고는 말할 수 없다
[동사 · い형용사 보통형, な형용사 기본형, 명사だ+とはいえない]

완곡한 부정의 뜻을 나타낸다.

お金(かね)に左右(さゆう)される生(い)き方(かた)が幸(しあわ)せだとはいえない。
돈에 좌우되는 삶이 행복하다고는 말할 수 없다.

25 ～たことがある〔ない〕 ～(한) 적이 있다〔없다〕
[동사 た형+ことがある〔ない〕]

과거의 경험의 유무를 나타낸다.

私はまだ日本へ行ったことがない。
나는 아직 일본에 간 적이 없다.

そこでまた、アメル先生はぼくたちに、フランス語について[26]話した。それは、世界でいちばん美しく、いちばんわかりやすく、いちばん生命力のあることばだということ、しっかり守り、決して忘れてはいけないということ、なぜなら、ある民族が奴隷になったとき、自分のことばを握っていることは、牢屋の鍵を握っていることだからということ……。そうしたあとで、文法を

- □ そこで 그래서
- □ 世界 세계
- □ いちばん 가장
- □ ~やすい (동사 ます형에 붙어) ~하기 쉽다
- □ 生命力 생명력
- □ しっかり 확실히, 똑똑히
- □ 守る 지키다
- □ なぜなら 왜냐하면
- □ 民族 민족
- □ 奴隷 노예
- □ 握る 쥐다, 잡다
- □ 牢屋 감옥
- □ 鍵 열쇠

그리고 또 아멜 선생님은 우리들에게 프랑스어에 대해서 이야기했다. 그것은 세상에서 가장 아름답고, 가장 알기 쉬우며, 가장 생명력이 있는 언어라는 것, 제대로 지키고 결코 잊어서는 안 된다는 것, 왜냐하면 어떤 민족이 노예가 되었을 때 자신의 언어를 가지고 있다는 것은 감옥의 열쇠를 가지고 있는 것이기 때문이라는 것……. 그런 후에 문법을

---

26 ～について ～에 관하여, ～에 대해서 [명사+について]

이야기하거나 생각하거나 알아보는 대상을 나타낸다.

将来(しょうらい)のことについて考えた。
장래에 대해 생각했다.

開(ひら)き、ぼくたちが暗唱(あんしょう)するところを読んでくれた。こんなによくわかることが、すごく不思議(ふしぎ)だった。先生の話すこと話すこと、どれも簡単(かんたん)に聞こえてくる。こんなにしっかり話を聞いたことなんて全然(ぜんぜん)なかったし、先生だって、こんなていねいに説明(せつめい)したことなんか全然なかった。気(き)の毒(どく)な先生は、学校を去(さ)る前に自分が知っているすべてのことを教(おし)え、それを、いっぺんにぼくたちの頭に詰(つ)めこんでしまおうと思っているようだった。

- □ すごく 몹시, 굉장히
- □ 不思議だ 이상하다, 신기하다
- □ どれも 어느 것도
- □ 簡単だ 간단하다
- □ 全然 전혀
- □ ていねいだ(丁寧だ) 친절하다, 정성스럽다
- □ 説明する 설명하다
- □ 気の毒だ 불쌍하다
- □ すべて 모두, 모조리
- □ いっぺん(に) 한꺼번에, 동시에
- □ 詰めこむ 밀어 넣다, 집어 넣다

펴서 우리들이 암송할 부분을 읽어 주셨다. 이렇게 잘 이해된다는 것이 매우 신기했다. 선생님이 말하는 것 모두가 다 간단하게 들려온다. 이렇게 열심히 이야기를 들은 적도 전혀 없었고, 선생님도 역시 이렇게 정성스럽게 설명한 적도 전혀 없었다. 가엾은 선생님은 학교를 떠나기 전에 자기가 알고 있는 모든 것을 가르쳐서 그것을 한꺼번에 우리들의 머리에 집어 넣으려고 하는 것 같았다.

その科目が終わったあと、書き取りに移った。この日のために、アメル先生は新しいお手本を用意していた。そこには美しいロンド体で、「フランス、アルザス、フランス、アルザス」と書いてあった。それは、各々の机に取り付けられた金属の棒に一枚ずつつりさげられると、まるで教室中に旗が翻っているように見えた。みんな没頭していたにちがいない[27]。なんて静かなんだろう！ 紙の上をペンが走る音しか聞こえなかった。ふと、こがねむしが何匹か飛んできたけれど、誰も気をとめる人はいなかったし、いちばん年少の子たちさえ、

- 科目 과목
- 終わる 끝나다
- 書き取り 베껴 씀, 받아쓰기
- 移る 옮기다, 이동하다
- お手本 글씨본 〈お는 미화어〉
- 用意する 준비하다
- ロンド体 둥글둥글한 글씨체
- 各々 각각
- 取り付く 설치하다
- 金属 금속
- 棒 막대기
- ～ずつ ~씩
- つりさげる(吊り下げる) 매달다
- 旗 깃발
- 翻る 나부끼다, 휘날리다
- みんな 모두
- 没頭する 몰두하다
- 紙 종이
- 走る (붓이 매끄럽게) 움직이다
- ふと 문득, 그 때 갑자기
- こがねむし 풍뎅이
- 何匹か 몇 마리인가
- 誰も 아무도
- 気をとめる 마음을 쓰다
- 年少 나이 어림, 연소
- ～さえ ~마저, ~조차

그 과목이 끝난 후 쓰기로 넘어갔다. 이날을 위해 아멜 선생님은 새로운 글씨본을 준비해 놓았다. 거기에는 동그스름한 아름다운 글씨체로 '프랑스, 알자스, 프랑스, 알자스'라고 써 있었다. 그것은 각자의 책상에 달린 금속 막대기에 한 장씩 매달리니 마치 온 교실에 깃발이 나부끼고 있는 것 처럼 보였다. 모두 몰두해 있었음에 틀림없다. 이 얼마나 고요한가! 종이 위를 펜이 움직이는 소리밖에 들리지 않았다. 갑자기 풍뎅이가 몇 마리 날아왔지만 아무도 신경쓰는 사람은 없었고, 가장 나이 어린 아이들마저

27 ～にちがいない ～임에 틀림없다, (틀림없이) ～할 것이다
[동사 · い형용사 보통형, な형용사 어간, 명사+にちがいない]

추측한 내용을 확신하는 뜻을 나타낸다.

彼はフランスに住(す)んでいたから、フランス語(ご)ができるにちがいない。
그는 프랑스에서 살았으니까 틀림없이 프랑스어를 할 수 있을 것이다.

これだってフランス語だよと言(い)わんばかりに[28]、線(せん)を引(ひ)くのに熱中(ねっちゅう)していた……。学校の屋根(やね)の上では、鳩(はと)が鳴(な)いていた。それを聞きながらぼくは思った。

「もしかして、あの鳩たちまでドイツ語で歌(うた)わせられちゃうのかなあ」

ときどき、ノートから目をあげると、アメル先生は教壇でじっとしていて、身(み)のまわりを見(み)つめていた。それは、自分の小(ちい)さな校舎(こうしゃ)を目にしっかりと焼(や)き付(つ)けて持(も)って行(い)こうとしているみたいだった……。考(かんが)えてごらん。四十年ものあいだ先生は、この同(おな)じ場所(ばしょ)にいて、

- □線 줄
- □引く (줄을) 긋다
- □熱中する 열중하다
- □屋根 지붕
- □鳩 비둘기
- □鳴く (새 · 벌레 · 짐승 등이) 울다
- □もしかして 혹시
- □歌う 노래하다
- □ときどき 가끔
- □ノート 공책
- □目 눈, 시선
- □あげる(上げる) 올리다, 들다
- □じっとする 가만히 있다
- □身のまわり 신변의 일상 용품
- □見つめる 응시하다
- □小さな 작은
- □校舎 학교 건물, 교사
- □焼き付ける 뇌리에 새기다, 강한 인상을 주다
- □ごらん 보렴 〈見なさい(보아라) 보다 부드러운 표현〉
- □同じだ 같다
- □場所 장소

이것 또한 프랑스어라고 말하려는 듯이 줄을 긋는 데 열중하고 있었다…….
학교 지붕 위에서는 비둘기가 울고 있었다. 그것을 들으면서 나는 생각했다.

"혹시 저 비둘기들까지 독일어로 노래하게 되는 걸까?"

가끔 공책에서 눈을 들면 아멜 선생님은 교단에서 꼼짝도 하지 않고 주변 물건들을 응시하고 있었다. 그것은 자신의 작은 학교 건물을 눈에 잘 새겨서 가져가려고 하고 있는 것 같았다……. 생각해 보라. 40년 동안이나 선생님은 같은 이 장소에 있으면서,

---

28 ～と言わんばかりに (마치) ~라고 말하려는 듯이

[동사 · い형용사 · な형용사 · 명사 보통형+といわんばかりに]

제3자의 태도에서 보이는 의도를 서술하는 것을 나타낸다.

彼女はあなたが犯人(はんにん)ねと言わんばかりに僕を睨(にら)みつけた。

그녀는 네가 범인이라고 말하려는 듯이 나를 노려 보았다.

変化のない中庭と教室をいつも見ていたのだ。変わったことといえば、長椅子と机が使い古されて黒光りし、中庭の胡桃の木が生長し、先生が自分で植えたホップが今では窓を飾って屋根まで伸びたくらいだ。気の毒な先生にとって[29]、これらすべてを残して出て行くことや、二階で先生の妹さんが行ったり来たりしながら、引越しの荷造りをしている音を聞いていることは、すごく胸が痛いはずだ。なぜって、先生は、明日ここを永遠に去っていくのだから。

- □ 変化 변화
- □ 変わる 변하다
- □ 使い古す 오래 사용하여 낡아지게 하다
- □ 黒光りする 검게 윤나다
- □ 胡桃 호두
- □ 生長する (식물이) 자라다
- □ 自分で 손수, 직접
- □ 植える 심다
- □ ホップ 홉, 뽕나뭇과의 여러해살이 덩굴풀
- □ 今では 지금은
- □ 窓 창문
- □ 飾る 장식하다
- □ 伸びる 자라다
- □ これら 이것들 〈これ의 복수〉
- □ 残す 남기다
- □ 二階 2층
- □ 妹さん 여동생
- □ 引越し 이사
- □ 荷造り 짐을 꾸림, 포장
- □ 胸が痛い 가슴이 아프다
- □ なぜって 왜냐하면 ＝なぜなら
- □ 永遠だ 영원하다
- □ 去っていく 떠나가다

변화 없는 안뜰과 교실을 항상 보고 있었던 것이다. 변한 것이라 하면 긴 의자와 책상이 오래 써서 거무스름하게 윤이 나고, 안뜰의 호두나무가 자랐으며, 선생님이 손수 심은 홉이 지금은 창문을 장식하며 지붕까지 자란 정도이다. 가엾은 선생님에게 있어 이들 모두를 남기고 떠나가는 것과, 2층에서 선생님의 여동생이 왔다 갔다 하면서 이삿짐을 꾸리는 소리를 듣고 있는 것은 무척 가슴이 아플 것이다. 왜냐하면 선생님은 내일 여기를 영원히 떠나가야 하니까.

---

29 ~にとって ~에게 있어서 [명사+にとって]

판단하거나 평가하는 입장을 나타낸다.

私にとって読書(どくしょ)は人生(じんせい)の糧(かて)です。
나에게 있어서 독서는 인생의 양식입니다.

それでも先生は、元気を出して最後まで授業をした。書き取りのあとは、歴史の授業だった。それから、いちばん年少の子たちがみんなで「バ・ベ・ビ・ボ・ビュ」を歌った。教室の奥の隅の方で、オゼールじいさんが眼鏡をかけ、両手でアルファベット練習帳を持って、子どもたちと一緒に綴り字をつぶ読みしていた。じいさんも一生懸命で、声が感動で震えていたので、それがすごくおかしく聞こえ、笑い泣きしてしまいそうになった[30]。ああ、ぼくはこの最後の授業を一生忘れないだろう。

- □それでも 그런데도
- □元気を出す 기운을 내다
- □歴史 역사
- □奥 깊숙한 곳, 안, 끝
- □かける (안경을) 쓰다
- □両手 두 손, 양손
- □持つ 들다, 가지다
- □綴り字 철자
- □つぶ読み 글씨나 숫자를 낱낱이 읽기
- □一生懸命だ 열심이다
- □感動 감동
- □震える 떨리다
- □おかしい 우습다, 이상하다
- □笑い泣き 웃으며 울기
- □一生 평생
- □忘れる 잊다, 잊어버리다

그런데도 선생님은 기운을 내서 마지막까지 수업을 했다. 쓰기 다음은 역사 수업이었다. 그리고 가장 어린 아이들이 모두 '바, 베, 비, 보, 뷔'를 노래했다. 교실 끝 구석에서 오제르 영감님이 안경을 쓰고 두 손으로 알파벳 연습장을 들고 아이들과 함께 철자를 한 자 한 자 읽고 있었다. 영감님도 열심히 해서 목소리가 감동으로 떨리고 있었는데 그것이 무척 이상하게 들려, 웃으면서 울어 버릴 뻔했다. 아, 나는 이 마지막 수업을 평생 못 잊을 것이다.

---

30 ～そうになる ～할 뻔하다 [동사 ます형+そうになる]

어떤 일이 일어나기 직전의 상태가 된다는 것을 나타낸다.

酔(よ)っていて危(あや)うくどぶに落(お)ちそうになった。
술에 취해서 하마터면 도랑에 떨어질 뻔했다.

ふいに、教会(きょうかい)の大時計(おおどけい)が正午(しょうご)を打(う)ち、ついでアンジェリュスの鐘(かね)*が鳴(な)った。と同時(どうじ)に、プロイセン軍(ぐん)が教練(きょうれん)から戻(もど)ってくるラッパの音が、教室の窓の下で鳴(な)り渡(わた)った……。アメル先生は、真(ま)っ青(さお)になって、教壇から立(た)ちあがった。こんなに先生が大きく見えたことはなかった。

「諸君」と先生は言った。「諸君、私は……私は……」

けれども、先生はのどを詰(つ)まらせてしまい、言葉が最後まで言えなかった。

- □ふいに 갑자기, 느닷없이
- □教会 교회, 성당
- □大時計 큰 시계
- □正午 정오
- □打つ 치다
- □ついで 이어서, 뒤이어
- □鐘 종
- □鳴る 울리다
- □と同時に 그것과 동시에
- □戻る 돌아오다
- □ラッパ 나팔
- □鳴り渡る 울려 퍼지다
- □真っ青になる 새파래지다, 새파랗게 질리다
- □立ちあがる 일어서다
- □けれども 하지만 =けれど
- □のど 목구멍
- □詰まる 막히다, 메다

갑자기 성당의 큰 시계가 정오를 치고, 이어서 앙젤뤼스의 종이 울렸다. 그것과 동시에 프로이센군이 훈련에서 돌아오는 나팔 소리가 교실 창문 아래에서 울려 퍼졌다……. 아멜 선생님은 새파랗게 질려 교단에서 일어섰다. 이렇게 선생님이 크게 보인 적은 없었다.

"여러분" 하고 선생님은 말했다. "여러분, 나는…… 나는……."

그러나 선생님은 목이 메어 버려 말을 마지막까지 할 수 없었다.

★ アンジェリュス(Angélus)の鐘

삼종 기도의 시각을 알리는 종이다. 가톨릭에서는 아침 · 정오 · 저녁의 정해진 시간에 그리스도의 강생(降生)과 성모마리아를 공경하는 뜻으로 기도를 하는데, 라틴어 기도문의 첫 단어가 안젤루스로 시작하기 때문에 이렇게 부른다.

そこで、黒板(こくばん)に向(む)き直(なお)り、チョークを手(て)に取(と)ると、思(おも)いっきり黒板に押(お)し当(あ)てて、力(ちから)いっぱい太(ふと)い字(じ)で書いた。

「フランス万歳(ばんざい)！」

そのあと、先生はそのまま壁(かべ)に頭を押し当てていた。そして、何も言わずに、片手(かたて)でぼくたちに合図(あいず)をした。

「これで、おしまいです……帰(かえ)ってください」

□黒板 칠판

□向き直る (몸을 돌려) 방향을 바꾸다, 돌아서다

□チョーク 분필

□手に取る 손에 들다, 집어들다

□思いっきり 있는 힘을 다하여, 마음껏, 힘껏 ＝思い切り

□押し当てる 꽉 누르다

□力いっぱい 힘껏

□太い 굵다

□万歳 만세

□そのまま 그대로

□壁 벽

□片手 한 손

□合図をする 신호를 주다

□これで 이것으로

그래서 칠판 쪽으로 돌아서서 분필을 손에 들더니 있는 힘을 다해 칠판에 눌러대며 힘껏 굵은 글씨로 썼다.

'프랑스 만세!'

그 후 선생님은 그대로 벽에 머리를 누르고 있었다. 그리고 아무 말도 없이 한 손으로 우리들에게 신호를 주었다.

"이것으로 끝났습니다…… 돌아가세요."

星

—プロヴァンスの羊飼いの話—

リュブロンの山中で羊飼いをしていたころ、僕は何週間も、人っ子ひとり見ることなく、牧場でたった一人、番犬のラブリと、僕に任された聖徒たちと一緒に暮らしていた。たまに、モン・ド・リュールの隠者が薬草を探しながら通り過ぎていくか、でなければ、ピエモンテの炭焼き人の黒い顔を見かけることはあった。だけど、

□星 별
□羊飼い 양치기, 목동
□山中 산속
□ころ(頃) 때, 무렵
□僕 나
□人っ子ひとり 누구 하나, 아무도 〈뒤에 부정어가 옴〉
□牧場 목장
□たった 단지, 다만
□番犬 지키는 개, 파수 보는 개
□任す 맡기다
□聖徒 성도, 기독교도
□一緒に 함께
□暮らす 살다, 지내다
□たまに 이따금, 어쩌다가
□隠者 은자
□薬草 약초
□探す 찾다
□通り過ぎる 지나가다
□でなければ 아니면
□炭焼き人 숯 굽는 사람, 숯장수
□見かける 언뜻 보다

별

프로방스 양치기의 이야기

뤼브롱의 산속에서 양치기를 하고 있었던 무렵, 나는 몇 주 동안이나 누구 하나 보는 일 없이 목장에서 홀로, 양을 지키는 개 라브리와 나에게 맡겨진 성도들과 함께 살고 있었다. 이따금 몽드뤼르의 은자가 약초를 찾으면서 지나가거나, 아니면 피에몬테의 숯장수의 까만 얼굴을 언뜻 본 적은 있다. 그러나

あの人たちは、いつも孤独でいるものだから[1]、うぶで、何もしゃべらない。会話の楽しみも忘れてしまっていて、下界の村や町でどんなことが噂されているのかも知らない。そんなわけで、半月にいちど、坂の下の方から、半月分の備蓄品を運んでくる農場のラバの鈴音が聞こえ、それから斜面の上に、元気な“子豚ちゃん”(農場の童子のあだ名)の頭や、ノラードおばさんの赤茶けた頭巾が徐々に現れてくると、本当にうれしくてたまらない。僕は、誰が洗礼を受けたとか、誰が結婚したとかの、

- □孤独だ 고독하다, 외롭다
- □うぶだ 순진하다
- □しゃべる 말하다, 수다 떨다
- □会話 회화, 대화
- □楽しみ 즐거움
- □下界 (산에서 내려다 본) 평지
- □村 마을
- □町 도시
- □こと 일, 사건, 화제
- □噂 어떤 사람이나 일에 대한 말, 소문, 풍설
- □わけ 까닭
- □半月 보름
- □坂 고개, 언덕
- □備蓄品 비축품
- □運ぶ 나르다, 운반하다
- □農場 농장
- □ラバ 노새
- □鈴音 방울 소리
- □斜面 경사면, 비탈
- □元気だ 기운차다, 건강하다
- □子豚 새끼 돼지
- □童子 동자, 어린이, 하인
- □あだ名 별명
- □おばさん 아주머니
- □赤茶ける 불그스름한 갈색으로 퇴색하다
- □頭巾 두건
- □徐々に 서서히
- □現れる 나타나다
- □本当に 정말로
- □うれしい 기쁘다
- □誰 누구
- □洗礼 세례
- □受ける 받다
- □結婚する 결혼하다

저 사람들은 항상 고독하게 있기 때문에 순진하고 아무 말도 하지 않는다. 대화의 즐거움도 잊어 버렸고, 저 아래의 마을이나 도시에서 어떤 이야기가 돌고 있는지도 모른다. 그런 까닭에 보름에 한 번씩 언덕 아래에서 보름치 비축품을 운반해 오는 농장의 노새 방울 소리가 들리고, 그리고 비탈 위에 활기찬 '새끼 돼지'(농장 아이의 별명)의 머리나 노라드 아주머니의 빛바랜 적갈색 두건이 서서히 나타나면, 정말로 기뻐서 참을 수 없다. 나는 누가 세례를 받았다든지, 누가 결혼했다든지 하는

---

1 ～ものだから ～하기 때문에, ～하므로
[동사 · い형용사 보통형, な형용사な+ものだから]

이유를 나타내는 표현으로, 그 이유가 주로 중대한 일이며 그 결과로 일어나는 일이 기대에 어긋난다는 것을 나타낸다.

道が混(こ)んでいたものだから遅刻(ちこく)してしまった。
교통 정체가 심해서 지각해 버렸다.

下界の便り(たよ)を尋(たず)ねたものだ[2]。なかでも、とりわけ僕の心(こころ)を惹(ひ)きつけたのは、僕たちの主人(しゅじん)のお嬢(じょう)さん、この十里四方(じゅうりしほう)の中でいちばん美(うつく)しいステファネットさんが、最近(さいきん)どうしているかという話だった。さりげない風(ふう)を装(よそお)って僕は、お嬢さんはパーティーや夜(よる)の集(つど)いにしょっちゅう出(で)かけるのか、あいかわらず新(あら)たに言(い)い寄(よ)ってくる男(おとこ)がいるのかなどと尋ねたものだ。僕みたいなしがない山の羊飼いがそんなことを知ってどうなるのかと問(と)う人には、答(こた)えよう。僕はもう二十歳(はたち)だったのだし、ステファネットさんは僕がそれまでに会った中でいちばん美しい人なのだから、と。

- □ 便り 소식
- □ 尋ねる 묻다
- □ なかでも 그 중에서도
- □ とりわけ 특히
- □ 惹きつける (마음을) 끌다
- □ 主人 주인
- □ お嬢さん 따님, 아가씨 〈お는 미화어〉
- □ 十里四方 사방 백리
- □ 最近 최근, 요즘
- □ さりげない 아무렇지도 않은 듯하다
- □ 風 분위기
- □ 装う 가장하다
- □ パーティー 파티
- □ 集い 모임
- □ しょっちゅう 항상, 언제나
- □ 出かける 외출하다, 나가다
- □ あいかわらず 여전히, 변함없이
- □ 新たに 새로이, 새로
- □ 言い寄る 구애하다
- □ しがない 보잘것없다, 시시하다, 가난하다
- □ 問う 묻다, 따지다
- □ 答える 대답하다
- □ 二十歳 20살
- □ ～し ～(하)고 〈열거하여 말할 때 씀〉
- □ それまでに 그때까지

아랫마을의 소식을 묻곤 했다. 그 중에서도 특히 내 마음을 끌었던 것은, 우리 주인의 따님, 이 사방 백 리 안에서 가장 아름다운 스테파네트 아가씨가 요즘 어떻게 지내고 있는가 하는 이야기였다. 아무렇지도 않은 체하며 나는, 아가씨는 파티나 저녁 모임에 항상 나가는지, 여전히 새로 구애해 오는 남자가 있는지 등을 묻곤 했다. 나 같은 보잘것없는 산의 양치기가 그런 것을 알면 무엇 하느냐고 묻는 사람에게는 대답하겠다. 나는 벌써 20살이었고, 스테파네트 아가씨는 내가 그때까지 만났던 사람들 중에서 가장 아름다운 사람이었기 때문이라고.

---

2 ～たものだ ～하곤 했다 [동사 た형+ものだ]

과거의 반복적, 습관적 행동이나 경험을 회상하는 것을 나타낸다.

小さいころは弟とよく川で遊(あそ)んだものだ。
어렸을 때는 남동생과 자주 강에서 놀곤 했다.

　そんなある日(ひ)。その日は日曜日で、僕は半月分の糧(かて)を待(ま)っていた。だけど、この日に限(かぎ)って、待(ま)てど暮(く)らせどそれは来なかった。午前中(ごぜんちゅう)は、「大(だい)ミサでもあるんだろう」と考(かんが)えていた。そのうち、昼(ひる)ごろになると、はげしい夕立(ゆうだち)に見舞(みま)われ、僕は、これじゃ道(みち)がぬかってラバも出発(しゅっぱつ)できないだろうなあと思った。ようやく午後(ごご)も三時ごろになって、空(そら)は晴(は)れ渡(わた)り、山はしずくと日差(ひざ)しできらめいていたとき、樹々(きぎ)の葉(は)から水がしたたり落(お)ちる音や、水(みず)かさを増(ま)した小川(おがわ)のざわめきの中から、

- □ ある日　어느 날
- □ 糧　양식, 식량
- □ 待つ　기다리다
- □ 待てど暮らせど　아무리 기다려도 〈뒤에 부정어가 옴〉
- □ 午前中　오전 중
- □ 大ミサ　대미사
- □ そのうち(に)　그럭저럭 하는 동안
- □ 昼　정오, 한낮
- □ はげしい(激しい)　세차다, 심하다
- □ 夕立　소나기
- □ 見舞う　닥쳐오다, 덮치다
- □ これじゃ　이래서는 ＝これでは
- □ ぬかる　질퍽거리다
- □ 出発　출발
- □ ようやく　마침내, 드디어
- □ 午後　오후
- □ 空　하늘
- □ 晴れ渡る　맑게 개다
- □ しずく　물방울
- □ 日差し　햇볕, 햇살
- □ きらめく　빛나다
- □ 樹々　나무들
- □ 葉　잎
- □ したたり落ちる　(물방울이) 떨어지다
- □ 水かさ　(강물 따위의) 수량
- □ 増す　늘어나다, 늘리다
- □ 小川　작은 시내
- □ ざわめく　웅성거리다, 수런거리다

그러던 어느 날. 그날은 일요일이고, 나는 보름치 양식을 기다리고 있었다. 그러나 이날따라 아무리 기다려도 그것은 오지 않았다. 오전 중에는 '대미사라도 있겠지'라고 생각하고 있었다. 그러다가 점심때쯤이 되니 소나기가 세차게 내려서 나는 이래서는 길이 질퍽거려서 노새도 출발하지 못할 거라고 생각했다. 드디어 오후도 3시쯤 되어, 하늘은 맑게 개고 산은 물방울과 햇볕으로 빛나고 있었을 때, 나무들의 잎사귀에서 물방울이 떨어지는 소리나 수량이 늘어난 시냇물의 수런거림 사이에서,

ラバの鈴の音が元気に、復活祭(ふっかつさい)の鐘(かね)の音(おと)のように力強(ちからづよ)く、聞こえてきた。でも、そこに乗っているのは、“子(こ)豚(ぶた)ちゃん”でもノラードおばさんでもなかった。それは……誰だと思うかい！ ……それは、なんと、お嬢さん自身(じしん)だったのだ。柳(やなぎ)の籠(かご)の間に背筋(せすじ)を伸(の)ばしてまたがり、夕立で冷(ひ)えた山の空気(くうき)に頬(ほほ)を赤(あか)らめている、僕らのお嬢さんだった。

- □ 復活祭　부활절
- □ 力強い　든든하다, 힘차다
- □ ～かい　가볍게 의심하거나 확인하는 기분을 나타냄, ~냐?, ~니?
- □ 柳　버드나무
- □ 籠　바구니
- □ 背筋　등줄기, 등골
- □ 伸ばす　펴다, 뻗다
- □ またがる　걸터앉다
- □ 冷える　차가워지다
- □ 空気　공기
- □ 頬　볼, 뺨
- □ 赤らめる　붉히다

노새의 방울 소리가 활기차게, 부활절 종소리처럼 힘차게 들려왔다. 하지만 거기에 타고 있는 것은 '새끼 돼지'도 노라드 아주머니도 아니었다. 그건 …… 누구라고 생각하는가! …… 그건 놀랍게도 아가씨 자신이었던 것이다. 버들 바구니 사이에서 등을 세우고 걸터앉아, 소나기로 차가워진 산 공기에 볼을 붉히고 있는 우리 아가씨였다.

“子豚ちゃん”は病気で寝こみ、ノラードおばさんは休暇で子どもたちの家へ帰っているのだそうだ。美しいステファネットさんはラバを降りながら、そんなことを話してくれた。それからまた、遅くなってしまったわけについては、道に迷ってしまったためだ[3]と言っていた。だけど、彼女は花のリボンをつけ、きらびやかなレースのスカートをはいて、綺麗にめかしこんでいたので、僕の目には、藪の中をさまよっていたというよりは、ダンスをしながらぐずぐずしていたといった風情だった。

- □病気 병
- □寝こむ (병으로) 자리에 눕다
- □休暇 휴가
- □降りる 내리다
- □遅い 늦다
- □わけ 까닭, 원인
- □道に迷う 길을 잃다
- □彼女 그녀
- □花 꽃
- □リボン 리본
- □つける 붙이다, 달다, 매다
- □きらびやかだ 눈부시게 아름답다
- □レース 레이스
- □スカート 치마
- □はく (치마, 바지 등을) 입다
- □綺麗だ 아름답다, 예쁘다
- □めかしこむ 멋을 부리다
- □藪 덤불
- □さまよう 방황하다, 헤매다
- □ダンス 댄스
- □ぐずぐずする 꾸물거리다, 시간을 미루다
- □風情 모양, 모습

'새끼 돼지'는 아파서 누워 있고, 노라드 아주머니는 휴가라서 아이들 집에 가 있다고 한다. 아름다운 스테파네트 아가씨는 노새를 내리면서 그런 이야기를 해 주었다. 그리고 또 늦어진 이유에 대해서는 길을 잃어버렸기 때문이라고 말했다. 그러나 그녀는 꽃 리본을 달고 화려한 레이스 치마를 입고 아름답게 치장하고 있었기 때문에, 내 눈에는 덤불 사이를 헤매고 있었다기보다는 춤을 추면서 꾸물대고 있었다고 하는 분위기였다.

---

3 〜たためだ 〜했기 때문이다 [동사 た형+ためだ]

원인, 이유를 나타낸다.

バスが遅(おく)れるのは雪がたくさん降(ふ)ったためだ。
버스가 늦는 것은 눈이 많이 내렸기 때문이다.

ああ、なんと愛(あい)らしい人なんだ！ 僕の目が彼女を見飽(みあ)きるわけがない[4]。彼女をこんなに間近(まぢか)で見たことは、これまでなかった。ときどき冬(ふゆ)に、羊(ひつじ)の群(む)れを平野(へいや)へ降(お)ろし、夕方(ゆうがた)、食事(しょくじ)に戻(もど)ったとき、彼女は部屋(へや)をそそくさと通(とお)り過(す)ぎることがあった。そのときは、召使(めしつかい)たちに話(はな)しかけることは滅多(めった)になかったし、いつもお洒落(しゃれ)をしていたうえ[5]、いくぶん、つんとすましていた……。ところが、いま彼女は僕の目(め)の前(まえ)に、僕だけのためにいるのだ。どうしてのぼせあがらずにいられるだろうか。

□愛らしい 사랑스럽다
□～なんだ ~인 것이다 ＝なのだ
□見飽きる 보기에 싫증나다
□こんなに 이토록
□間近 아주 가까운 곳
□これまで 지금까지
□冬 겨울
□羊 양
□群れ 떼, 무리
□平野 평야
□降ろす 내려놓다
□夕方 저녁
□食事 식사
□戻る 되돌아가다
□部屋 방
□そそくさ(と) 총총히, 허둥지둥
□召使 하인
□話しかける 말을 걸다
□滅多に 좀처럼, 거의 〈뒤에 부정어가 옴〉
□いつも 언제나
□お洒落 멋을 부림, 멋쟁이 〈お는 미화어〉
□いくぶん 약간, 조금
□つんと 새침하고 애교가 없는 모양
□すます 새침해 하다, 얌전한 체 하다
□目の前 눈앞
□どうして 어떻게, 왜
□のぼせあがる 몹시 흥분하다
□～ずに (동사 ます형에 붙어) ~지 않고

아, 얼마나 사랑스러운 사람인가! 내 눈이 그녀를 보는 게 싫증날 리 없다. 그녀를 이렇게 가까이에서 본 적은 지금까지 없었다. 가끔 겨울에 양 떼를 평야로 데리고 내려가서 저녁에 식사하러 돌아갔을 때, 그녀는 방을 총총히 지나가는 일이 있었다. 그 때는 하인들에게 말을 거는 일은 거의 없었고, 항상 멋을 부린 데다 약간 새침해 하고 있었다……. 그런데 지금 그녀는 내 눈앞에, 나만을 위해 있는 것이다. 어떻게 흥분하지 않고 있을 수 있겠는가.

---

4 ~わけがない ~할 리 없다

[동사 · い형용사 보통형, な형용사な, 명사の+わけがない]

이미 결과가 나온 상태에서 다른 결과의 가능성을 부정하는 것을 나타낸다.

ついに彼は来なかった。彼が約束(やくそく)を守(まも)るわけがない。
결국 그는 오지 않았다. 그가 약속을 지킬 리 없다.

5 ~うえ(に) ~한 데다 **[동사 · い형용사 보통형, な형용사な, 명사の+うえ]**

앞 사항의 성격과 같은 성향의 성격을 덧붙이는 것을 나타낸다.

彼は記憶力(きおくりょく)がいいうえに、頭の回転(かいてん)も速(はや)い。
그는 기억력이 좋은 데다가 머리 회전도 빠르다.

籠から備蓄品を取り出したあと、ステファネットさんは辺りを物珍しそうに眺め始めた。晴れ着のスカートを、裂けたりしないように、わずかにたくし上げて“かこい”に入り、僕の寝場所になっている一角や、羊の毛皮を敷いた藁の寝床、壁に掛かっている大きな袖なしマント、杖、猟銃などを眺めた。彼女はそれらすべてを楽しんでいた。

「こんなところに住んでいるのね、気の毒な羊飼いさん。ずっと一人ぼっちでいるなんて、何て退屈なんでしょう！ いつも何をしているの？ どんなことを考えているの？」

- 取り出す 꺼내다
- 辺り 주변, 근처
- 物珍しい 신기하다
- 眺め始める 바라보기 시작하다 〈동사 ます형+始める ~하기 시작하다〉
- 裂ける 찢어지다
- わずかに 살짝, 조금
- たくし上げる 걷어올리다
- かこい 울타리, 담
- 寝場所 자는 곳
- 一角 한구석
- 毛皮 털가죽
- 敷く 깔다, 펴다
- 藁 짚
- 寝床 잠자리, 침상
- 壁 벽
- 掛かる 걸리다
- 大きな 큰
- 袖なしマント 소매 없는 망토
- 杖 지팡이
- 猟銃 엽총
- それら 그것들 〈それ의 복수〉
- すべて 전부, 모두, 모조리
- 楽しむ 즐기다, 좋아하다
- 住む 살다, 거주하다
- 気の毒だ 불쌍하다
- ずっと 계속
- 一人ぼっち 외톨이, 고독함
- ～なんて ~하다니, ~이라니
- 退屈だ 심심하다, 따분하다

바구니에서 비축품을 꺼낸 다음, 스테파네트 아가씨는 주변을 신기한 듯이 바라보기 시작했다. 나들이 치마를 찢어지거나 하지 않도록 살짝 걷어올리고 '울타리'로 들어가, 나의 잠자리가 된 한쪽 구석이랑, 양털가죽을 깐 짚으로 된 침상, 벽에 걸려 있는 커다란 소매 없는 망토, 지팡이, 엽총 등을 바라보았다. 그녀는 그 모두를 즐기고 있었다.

"이런 곳에 살고 있구나, 가엾은 양치기님. 계속 혼자 있다니 얼마나 심심할까! 항상 뭘 하고 있어? 어떤 생각을 하고 있니?"

僕は「あなたのこと[6]です」と、答(こた)えたい衝動(しょうどう)にかられた。それはあながち嘘(うそ)でもなかったから。だけど、僕はどぎまぎしてしまい、口から言葉(ことば)が出てこなかった。きっと、彼女はそれを察(さっ)していて、意地悪(いじわる)にも、からかわれて僕がさらに困惑(こんわく)するのを見ながら、面白(おもしろ)がっていたのだろうと思う。

「じゃあ、羊飼いさんの彼女(かのじょ)は、ときどき会いに来るのかしら。……きっと、黄金(おうごん)の雌山羊(めやぎ)か、でなければ、山の頂(いただき)を駆(か)けめぐる、エステレルの妖精(ようせい)に違(ちが)いないわね……」

□ 衝動 충동
□ かられる (어떤 감정에) 사로잡히다
□ あながち 반드시 〈뒤에 부정어가 옴〉
□ 嘘 거짓말, 잘못
□ どぎまぎする 당황하다
□ きっと 반드시, 꼭, 틀림없이
□ 察する 헤아리다, 짐작하다
□ 意地悪だ 심술궂다
□ さらに 더욱더
□ 困惑する 곤혹스러워하다, 난처하다
□ 面白い 재미있다
□ ~がる (い형용사・な형용사 어간에 붙어) ~하게 여기다
□ じゃあ 그럼 =では
□ 彼女 여자 친구, 애인
□ ~かしら ~일까? 〈주로 여성이 사용함〉
□ 黄金 황금
□ 雌山羊 암염소
□ 頂 꼭대기, 정상
□ 駆けめぐる 뛰어다니다
□ 妖精 요정

나는 '당신을요'라고 대답하고 싶은 충동에 사로잡혔다. 그것은 반드시 거짓말도 아니었기 때문에. 그러나 나는 당황해 버려 입에서 말이 나오지 않았다. 틀림없이 그녀는 그것을 알아채고 심술궂게도, 놀림당해서 내가 더욱 곤혹스러워하는 것을 보면서 재미있어했을 거라고 생각한다.

"그럼, 양치기님의 여자 친구는 가끔 만나러 올까? ……분명히 황금빛 암염소나, 아니면 산꼭대기를 뛰어다니는 에스테렐 요정임에 틀림없어……."

---

6 ～のこと ～에 대해, ～을/를 [명사+のこと]

앞의 명사가 대상임을 명확하게 한다.

私が好きなのは彼(のこと)です。
내가 좋아하는 것은 그입니다.

私のことが好きなのは彼です。
나를 좋아하는 것은 그입니다.

彼女自身、しゃべりながら頭をそらせて可愛く笑う姿は、エステレルの妖精のようだったし、すぐに去ってしまうのも、訪問というよりは、幻を見るかのようだった[7]。

「さようなら、羊飼いさん」

「さよなら、お嬢さん」

そして、彼女は、空の籠といっしょに去っていった。

彼女が斜面の小道に消えたとき、小石がまるで、ラバのひづめに蹴飛ばされて、僕の心臓に落ちかかってくるような気がした。それはずっと、ずっと、聞こえていた。そして一日が終わるまで、眠ったような格好で、

□ そらせる(反らせる) 뒤로 젖히다
□ 可愛い 귀엽다
□ 笑う 웃다
□ 姿 모습
□ すぐに 곧, 즉시
□ 訪問 방문
□ 幻 환상
□ 空 빔. 공
□ 小道 좁은 길, 샛길
□ 消える 사라지다
□ 小石 조약돌, 자갈
□ ひづめ 발굽
□ 蹴飛ばす 걷어차다
□ 心臓 심장
□ 落ちかかる 떨어져 내리다, 떨어지려고 하다
□ 気がする 생각이 들다, 느낌이 들다
□ 一日 하루
□ 眠る 잠자다, 잠들다
□ 格好 모습, 모양

그녀 자신이 이야기하면서 머리를 젖히고 귀엽게 웃는 모습은 에스테렐 요정과 같았고, 바로 떠나 버리는 것도 방문이라고 하기보다는 환상을 보는 것 같았다.

“안녕, 양치기님.”

“안녕히 가세요, 아가씨.”

그리고 그녀는 빈 바구니와 함께 떠났다.

그녀가 비탈의 좁은 길로 사라졌을 때, 조약돌이 마치 노새의 굽에 차여서 나의 심장으로 떨어져 내리는 것 같은 기분이 들었다. 그것은 계속, 계속 들렸다. 그리고 하루가 끝날 때까지 잠든 것 같은 모습으로,

---

7 ～かのようだ (마치) ～하는 것 같다, ～인 듯하다

[동사 · い형용사 보통형, な형용사 · 명사である+かのようだ]

사실과 모순되거나 가상적인 일에 대해 말할 때 사용한다. 주로 동사에 사용된다.

この人形(にんぎょう)は精巧(せいこう)に作(つく)られていて、まるで生(い)きているかのようだ。
이 인형은 정교하게 만들어져서 마치 살아 있는 것 같다.

その夢(ゆめ)を去(さ)らせてしまうのが怖(こわ)くて、身動(みうご)きさえできなかった。夕方になって、谷(たに)の底(そこ)が青(あお)く染(そ)まりはじめ、羊たちがメエメエ鳴(な)きながら、押(お)し合(あ)い圧(へ)し合(あ)い“かこい”へ戻るころ、坂(さか)の下の方から僕を呼ぶ声が聞こえ、お嬢さんが姿を現(あらわ)した。その姿には一時間前の明(あか)るさはもうなく、寒(さむ)いのと、怖いのと、びしょ濡(ぬ)れになったのとで、震(ふる)えていた。どうやら、山腹(さんぷく)の谷(たに)あいで彼女は、夕立(ゆうだち)で増水(ぞうすい)したソルグ川に出(で)くわし、そこを無理(むり)に渡(わた)ろうとしたために、危(あや)うく溺(おぼ)れかかったらしかった。

- 夢 꿈
- 怖い 무섭다
- 身動き 몸을 움직임
- 谷 골짜기
- 底 밑바닥
- 染まる 물들다
- 押し合い圧し合い 서로 밀고 밀리고 하여 붐비는 모양
- 呼ぶ 부르다
- 現す 나타내다
- 明るさ 명랑함
- もう 이제
- 寒い 춥다
- びしょ濡れ 흠뻑 젖음
- 震える 떨리다
- どうやら 아무래도, 아마
- 山腹 산 중턱
- 谷あい 골짜기
- 増水する 물이 불어나다
- 出くわす 맞닥뜨리다
- 無理に 무리해서, 억지로
- 渡る 건너다
- 危うく 하마터면
- 溺れかかる 물에 빠질 뻔하다
- ～らしい ~인 것 같다

그 꿈을 사라지게 하는 것이 두려워서 몸을 움직일 수조차 없었다. 저녁이 되어, 골짜기 바닥이 푸르게 물들기 시작하고, 양들이 메메 울면서 서로 밀치며 '울타리'로 돌아올 무렵, 고개 아래쪽에서 나를 부르는 소리가 들리더니, 아가씨가 모습을 드러냈다. 그 모습에는 한 시간 전의 명랑함은 이제 없고, 추위와 두려움과 흠뻑 젖은 것 때문에 떨고 있었다. 아마도 산 중턱의 골짜기에서 그녀는 소나기로 물이 불어난 소르그강을 만나, 거기를 무리해서 건너려고 했기 때문에 하마터면 물에 빠질 뻔했던 것 같았다.

困ったことに、もう日が暮れてしまっていた。すぐに農場へ帰れる様子ではなかった。なぜなら、近道はお嬢さんには一人で行けるはずもなかったし、僕だって、羊たちを置き去りにするわけにはいかなかった[8]からだ。一人ぼっちで山の夜を過ごさなければならないと思うと、彼女はひどく心配だったし、ことに家族が心配をしていることを思うと、なおさら気が気でなかった。僕は、最善を尽くして彼女を安心させようとした。

「七月は、夜が短いから……つらい時間もあっという間ですよ」

- □ 困ったことに 난처하게도
- □ 日が暮れる 해가 지다
- □ 様子 상황, 형편
- □ 近道 지름길
- □ 置き去りにする 남겨 둔 채 가 버리다
- □ 過ごす (시간을) 보내다
- □ ひどく 몹시, 매우
- □ 心配だ 걱정하다, 근심하다
- □ ことに 특히
- □ 家族 가족
- □ なおさら 더더욱
- □ 気が気でない 안절부절 못하다
- □ 最善 최선
- □ 尽くす 다하다
- □ 安心する 안심하다
- □ あっという間 눈 깜짝할 사이

난처하게도 이미 해가 지고 말았다. 바로 농장으로 돌아갈 수 있는 상황은 아니었다. 왜냐하면 지름길은 아가씨가 혼자서 갈 수 있을 리 없었고, 나 역시 양들을 남겨 두고 갈 수는 없었기 때문이다. 산에서 혼자 밤을 보내야 한다고 생각하자 그녀는 무척 걱정했으며, 특히 가족이 걱정하고 있을 것을 생각하면 더더욱 안절부절 못했다. 나는 최선을 다해서 그녀를 안심시키려고 했다.

"7월은 밤이 짧으니까…… 힘든 시간도 순식간이에요."

---

8 ~わけにはいかない ~(할) 수는 없다 [동사 기본형+わけにはいかない]

상식적, 사회적 통념으로 볼 때 불가능하다는 의미를 나타낸다.

彼をおいて僕ひとり逃(に)げるわけにはいかない。
그를 두고 나 혼자 도망갈 수는 없다.

そして、ソルグ川の水に濡(ぬ)れた彼女の足(あし)や服(ふく)を乾(かわ)かすために、いそいで焚(た)き火(び)を起(お)こした。それから、彼女の前へ、ミルクとチーズを持ってきた。だけど、気の毒なお嬢さんは、温(あたた)まろうとも、食べようともしなかった。そんなわけで、彼女の瞳(ひとみ)に浮(う)かぶ大粒(おおつぶ)の涙(なみだ)を見ると、僕まで泣(な)きたくなってしまった。

そのうちに、すっかり夜になった。峰々(みねみね)の稜線(りょうせん)にはもう、夕日(ゆうひ)の残照(ざんしょう)が日没(にちぼつ)の方角(ほうがく)でぼんやりと明(あか)らんでいるだけだった。僕は、お嬢さんを“かこい”で休(やす)ませてあげたかった。それで、真新(まあたら)しい藁(わら)の上に新品(しんぴん)の毛皮(けがわ)を

- □濡れる 젖다
- □足 발
- □服 옷
- □乾かす 말리다
- □いそぐ(急ぐ) 서두르다
- □焚き火 모닥불
- □起こす 일으키다
- □ミルク 우유 (여기서는 양젖)
- □チーズ 치즈
- □温まる 따뜻해지다
- □そんなわけで 그런 까닭으로
- □瞳 눈동자, 눈
- □浮かぶ 뜨다, 나타나다
- □大粒 큰 방울
- □涙 눈물
- □泣く 울다
- □峰々 봉우리들
- □稜線 능선, 산등성이
- □夕日 석양
- □残照 잔조, 저녁노을
- □日没 일몰
- □方角 방향
- □ぼんやり(と) 희미하게
- □明らむ 밝아지다, 훤해지다
- □休む 쉬다
- □それで 그래서
- □真新しい 아주 새롭다
- □新品 새것

그리고 소르그강의 물에 젖은 그녀의 발과 옷을 말리기 위해 서둘러서 모닥불을 피웠다. 그리고 나서 그녀 앞에 양젖과 치즈를 가져왔다. 하지만 불쌍한 아가씨는 몸을 따뜻하게 하려고도 먹으려고도 하지 않았다. 그런 까닭에 그녀의 눈에 어린 굵은 눈물 방울을 보니 나까지도 울고 싶어졌다.

그러는 사이에 완전히 밤이 되었다. 산봉우리들의 능선에는 이제 석양의 저녁노을이 해가 진 쪽에 희미하게 밝아 있을 뿐이었다. 나는 아가씨를 '울타리'에서 쉬게 해 드리고 싶었다. 그래서 아주 새 짚 위에 새 털가죽을

敷き、お休みの挨拶を言うと、外に出て扉の前に座った……。身を焦がすような恋心が湧き起こっていても、何ひとつ邪な考えを僕が抱かなかったことは、神が証してくださるだろう。ただ、“かこい”の片隅で、その寝姿を羊たちに好奇の目で見つめられながら、主人のお嬢さんが —— 他のどの羊たちよりも、いちばん貴く、いちばん真っ白な雌羊のように —— 僕の護りに身をゆだねて休んでいるのだなんて思うと、すごく誇らしい気持ちになるのだった。夜空がこんなに深く、星たちがこんなにきらびやかに見えたことはなかった……。

- □ お休み 잘 때의 인사말
- □ 挨拶 인사
- □ 扉 문
- □ 座る 앉다
- □ 身 몸
- □ 焦がす 태우다
- □ 恋心 사랑하는 마음, 연정
- □ 湧き起こる 솟아오르다, 터져나오다
- □ 何ひとつ 무엇 하나
- □ 邪だ 옳지 않다, 사악하다
- □ 考え 생각
- □ 抱く (마음에) 품다
- □ 神 신, 하느님, 하나님
- □ 証する 증명하다
- □ くださる (윗사람이 아랫사람에게) 주시다
- □ 片隅 한쪽 구석
- □ 寝姿 잠든 모습
- □ 好奇 호기
- □ 見つめる 쳐다보다
- □ 他の 다른
- □ 貴い 귀하다
- □ 真っ白だ 새하얗다
- □ 雌羊 암양
- □ 護り 지킴, 수호
- □ ゆだねる 맡기다
- □ 誇らしい 자랑스럽다
- □ 気持ち 마음
- □ 夜空 밤하늘
- □ 深い 깊다

깔고 잘 자라는 인사를 한 다음, 밖에 나가서 문 앞에 앉았다……. 몸을 태울 듯한 연정이 솟아오르고 있는데도, 무엇 하나 부정한 생각을 내가 품지 않았던 것은 하느님께서 증명해 주실 것이다. 다만 '울타리'의 한쪽 구석에서 양들이 그 잠든 모습을 신기하게 바라보는 가운데 주인의 따님이 — 다른 어떤 양들보다도 가장 귀하고 가장 하얀 암양처럼 — 내 보호에 몸을 맡기고 쉬고 있다고 생각하니 무척 자랑스러운 듯한 기분이 들었다. 밤하늘이 이토록 깊고, 별들이 이토록 눈부시게 아름답게 보인 적은 없었다…….

と、いきなり“かこい”の柵が開き、ステファネットさんが美しい姿を現した。彼女は眠れなかったのだ。羊たちが、動くたびに藁をがさつかせたり、寝ぼけてメエ！と叫んだりしていた。これでは焚き火に当たっていた方がましだ[9]と思ったわけだ[10]。それを見て、僕は雌山羊の毛皮をその肩にかけてあげ、火を強く起こし、そうして僕たちは、近くに座ったまま黙っていた。もし、きみたちが星空の下で夜を過ごすなら、わかるだろう。

- □ と 그러자
- □ いきなり 느닷없이, 갑자기
- □ 柵 울짱, 목책
- □ 開く 열리다
- □ 眠る 잠들다
- □ 動く 움직이다
- □ ～たびに ~때마다
- □ がさつく 버스럭거리다
- □ 寝ぼける 잠에 취해 멍하다
- □ 叫ぶ 소리 지르다, 외치다
- □ 当たる (불을) 쬐다
- □ 肩 어깨
- □ かける 걸치다
- □ 火 불
- □ 強い 세다
- □ そうして 그리고 나서
- □ 黙る 말을 하지 않다, 가만히 있다
- □ 星空 별이 총총한 밤하늘

그런데 갑자기 '울타리'의 문이 열리더니 스테파네트 아가씨가 아름다운 모습을 드러냈다. 그녀는 잠을 잘 수 없었던 것이다. 양들이 움직일 때마다 짚을 바스락거리게 하기도 하고, 잠에 취해 메! 하고 울기도 했다. 이럴 바에야 모닥불을 쬐고 있는 것이 낫다고 생각했던 것이다. 그것을 보고 나는 암염소의 털가죽을 그 어깨에 걸쳐 주고 불을 활활 타오르게 하고, 그리고 우리는 가까이 앉은 채 아무 말도 하지 않았다. 만약 여러분이 별이 총총한 하늘 아래서 밤을 보낸다면 알 수 있을 것이다.

---

9 〜た方がましだ ~(하)는 편이 낫다 [동사 た형+方がましだ]

아주 싫은 상황을 겪을 바에야 덜 싫은 이 상황을 겪는 것이 낫다는 것을 나타낸다.

こんな惨(みじ)めな思いをするくらいなら仕事を辞(や)めた方がましだ。
이렇게 비참한 생각을 할 바에야 일을 그만두는 편이 낫다.

10 〜わけだ ~할 만하다, ~하는 것이다
[동사 · い형용사 보통형, な형용사な, 명사な+わけだ]

당연히 이렇게 된다는 설명으로 앞에 서술한 내용이 당연한 결과임을 나타낸다.

この店(みせ)はおいしいうえに安(やす)いのだからお客(きゃく)さんがたくさん入(はい)るわけだ。
이 가게는 맛있는 데다 싸니까 손님이 많이 들어오는 것이다.

僕たちの眠る時刻(じこく)には、神秘(しんぴ)の世界(せかい)が孤独(こどく)と静寂(せいじゃく)の中で目(め)を覚(さ)ます、ということが。そこでは、泉(いずみ)はもっと澄(す)んだ声(こえ)で歌(うた)い、池(いけ)は小(ち)さな炎(ほのお)をいくつも灯(とも)す。山(やま)の精(せい)たちがみな自由(じゆう)に往来(おうらい)する。そして、風の中に、何かが触(ふ)れ合(あ)うような音(おと)、得体(えたい)の知れない幽(かす)かな音が、まるで、樹々の枝(えだ)が伸(の)び、草(くさ)が育(そだ)っていく音が聞こえているように、鳴(な)っている。昼間(ひるま)が命(いのち)ある物(もの)たちの世界なら、夜(よる)は命のない物たちの世界だ。これは慣(な)れていないと、

- □時刻 시각
- □神秘 신비
- □静寂 정적
- □目を覚ます 잠을 깨다
- □泉 샘
- □もっと 더욱
- □澄んだ 맑은
- □池 연못
- □炎 불꽃
- □いくつも 여럿, 많이
- □灯す (등불을) 켜다
- □山の精 산의 정령
- □みな 모두
- □自由だ 자유롭다
- □往来する 오가다, 왕래하다
- □触れ合う 맞닿다, 스치다
- □得体 정체, 참모습
- □幽かだ 희미하다, 미약하다
- □枝 가지
- □伸びる 자라다
- □草 풀
- □育つ 성장하다
- □鳴る 울리다
- □昼間 낮
- □命 생명
- □物 사물, 물건, 것
- □慣れる 익숙해지다

우리가 잠든 시각에는 신비의 세계가 고독과 정적 속에서 잠을 깬다는 것을. 거기서는 샘은 더욱 맑은 소리로 노래하고, 연못은 작은 불꽃을 많이 켠다. 산의 정령들이 모두 자유롭게 오간다. 그리고 바람 속에서 무언가가 스치는 듯한 소리, 정체를 알 수 없는 희미한 소리가, 마치 나뭇가지들이 자라고 풀이 돋아나는 소리가 들리는 것 같이 울리고 있다. 낮이 생명이 있는 것들의 세계라면, 밤은 생명이 없는 것들의 세계다. 이것은 익숙해지지 않으면

怖(こわ)いだろう……。お嬢さんもやはり、すっかり怯(おび)えてしまい、ほんの微(かす)かな物音(ものおと)がしても、僕にぴったりと身(み)を寄(よ)せるのだった。一度(いちど)は、長く悲(かな)しげな叫(さけ)び声(ごえ)が、下の方のきらめいている池から発(はっ)せられ、僕たちの方へ波打(なみう)って聞こえてきた。ちょうどそのとき、大きな流(なが)れ星(ぼし)が、僕たちの頭上(ずじょう)からその方角へと飛んで行った。それはまるで、たったいま僕たちの聞いたうめき声(ごえ)が、光(ひかり)を呼(よ)んだかのようだった。

「いまの、何？」と、ステファネットさんが声(こえ)を殺(ころ)してたずねた。

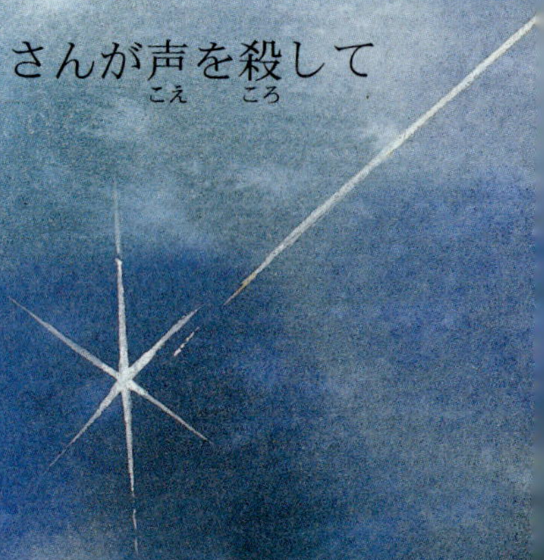

□やはり 역시
□怯える 두려워하다, 겁내다
□ほんの 그저, 불과
□微かだ 희미하다 ＝幽かだ
□物音 (무슨) 소리
□音がする 소리가 나다
□ぴったり(と) 착, 딱
□身を寄せる 몸을 기대다, 의지하다
□一度 한 번
□悲しげだ 슬프다, 애달프다
□叫び声 외치는 소리
□発する 발하다, 밖으로 내다
□波打つ 물결치다
□ちょうど 바로, 방금
□流れ星 유성, 별똥별
□頭上 머리 위
□飛ぶ 날다
□たったいま 방금
□うめき声 신음 소리
□いまの 방금 그것
□声を殺す 목소리를 낮추다

무서울 것이다……. 아가씨도 역시 완전히 두려움에 사로잡혀서 아주 희미한 소리가 나도 나에게 바짝 몸을 기댔다. 한 번은 길고 구슬픈 외침 소리가 아래쪽의 반짝거리고 있는 연못으로부터 흘러 나와, 우리 쪽으로 물결치면서 들려왔다. 바로 그때, 큰 별똥별이 우리의 머리 위에서 그 방향으로 날아갔다. 그것은 마치 방금 우리가 들은 신음 소리가 빛을 부른 것 같았다.

"방금 그게 뭐지?" 하고 스테파네트 아가씨가 목소리를 낮추고 물었다.

「あれは、天国(てんごく)に入る魂(たましい)ですよ」と答え、僕は十字(じゅうじ)を切(き)った。

彼女も十字を切り、そしてしばらく夜空を見上(みあ)げたまま、じっと何(なに)かを考(かんが)えこんでいた。

「ねえ、羊飼いさん、あなたたちが魔法使(まほうつか)いだって、本当？」

「まさか。でもお嬢さん、僕たちは、平地(へいち)の人たちよりは星の近くに住んでいるし、星たちのあいだで[11]何が起(お)こっているのかも、よく知っていますよ」

- □ **天国** 천국
- □ **魂** 영혼
- □ **十字を切る** 성호를 긋다
- □ **しばらく** 얼마 동안
- □ **見上げる** 우러러보다, 올려다보다
- □ **じっと** 가만히
- □ **考えこむ** 골똘히 생각하다, 생각에 잠기다
- □ **ねえ** 부르거나 친밀감을 나타내서 말할 때 내는 말, 음, 저
- □ **魔法使い** 마법사
- □ **本当** 정말
- □ **まさか** 설마
- □ **でも** 하지만
- □ **平地** 평지
- □ **起こる** 일어나다

"저건 천국에 들어가는 영혼이지요."라고 대답하며, 나는 성호를 그었다.

그녀도 성호를 긋고, 그리고 얼마 동안 밤하늘을 올려다 본 채로 가만히 무언가를 골똘히 생각하고 있었다.

"저기, 양치기님, 당신들이 마법사라는 것 정말이야?"

"설마. 하지만 아가씨, 우리는 평지 사람들보다는 별 가까이에 살고 있고, 별들 사이에서 어떤 일이 일어나고 있는지도 잘 알고 있지요."

---

11 ~のあいだで ~사이에서 [명사+のあいだで]

어떤 집단 안에서 이루어지는 것을 나타낸다.

いま若者(わかもの)たちのあいだで「蟹工船(かにこうせん)」という小説(しょうせつ)が人気(にんき)を得(え)ている。
지금 젊은이들 사이에서 '게 공모선'이라는 소설이 인기를 얻고 있다.

彼女はずっと夜空を見上げていた。片手(かたて)であごを突(つ)いて、羊の毛皮に包(つつ)まれたその姿は、天(てん)の小さな牧童(ぼくどう)のようだった。

「本当にたくさんあるわ。本当に綺麗(きれい)。こんなにたくさんあるの、見たことなかった……。ねえ、星たちの名前(なまえ)、分かる？」

「もちろんです……。ほら、あれは“聖(せい)ヤコブの道”（天(あま)の川(がわ)）。あれはフランスからまっすぐスペインまで伸(の)びているんだけど、勇敢(ゆうかん)なシャルルマーニュ*がサラセン人*たちと戦(たたか)ったとき、ガリスの聖ヤコブが、道案内(みちあんない)の

- □片手 한 손
- □あご 턱
- □突く 짚다, 괴다
- □包む 싸다
- □天 하늘, 천국
- □牧童 목동
- □たくさん 많이
- □～わ 〈가벼운 영탄 · 감동 · 단정을 나타내는 여성어〉
- □名前 이름
- □もちろん 물론
- □ほら 자, 이봐
- □聖 성
- □天の川 은하수
- □まっすぐ 곧장
- □スペイン 스페인
- □伸びる 이르다, 뻗다
- □勇敢だ 용감하다
- □戦う 싸우다, 전투하다
- □道案内 길잡이

그녀는 한참 밤하늘을 쳐다보고 있었다. 한 손으로 턱을 괴고 양털가죽에 싸인 그 모습은 하늘의 어린 목동 같았다.

"정말 많이 있구나! 정말 예뻐! 이렇게 많이 있는 걸 본 적이 없었어……. 있잖아, 별들의 이름을 아니?"

"물론이지요……. 자, 저것은 '성 야곱의 길'(은하수). 저것은 프랑스에서 곧바로 스페인까지 뻗어 있는데, 용감한 샤를마뉴가 사라센 사람들과 싸웠을 때 갈리스의 성 야곱이 길잡이를

*** シャルルマーニュ**

프랑크 왕국의 왕 · 서로마 제국의 황제로 게르만 민족을 통합하고, 영토를 확대했다. 구교도를 보호하여 800년에 로마 교황으로부터 서로마 제국의 제관을 받았다.

*** サラセン人**

고대 그리스 · 로마 시대에, 그리스 · 로마 인이 아라비아 북부의 아라비아 인을 부르던 말

ために作(つく)ったんです。それより遠(とお)くに、四つのきらめく車軸(しゃじく)をもつ、“魂(たましい)の二輪馬車(にりんばしゃ)”(大熊座(おおぐまざ)*)が見えるでしょう。その前を行く三つの星は、“三頭(さんとう)の馬(うま)”で、その三(さん)番目(ばんめ)の星のすぐそばにある小さなのは“御者(ぎょしゃ)”。その周(まわ)りに星の雨(あめ)が降(ふ)っているの、見えるでしょうか。あれは、神様(かみさま)が一緒(いっしょ)にいるのを厭(いと)われた魂たち……。もう少し下(くだ)っていくと、“熊手(くまで)”または“三人の王様(おうさま)”（オリオン座(ざ)*)。あれは、僕たちにとっては時計(とけい)代(が)わりになっていて、あれを見れば、今は夜の十二時を回(まわ)ったことがわかるんです。もう少し下っていくと、いつも正午(しょうご)の

- □ 作る 만들다
- □ 遠く 멀리
- □ 車軸 차축
- □ 二輪馬車 이륜마차
- □ ~頭 큰 동물을 세는 말, ~마리, ~필
- □ 馬 말
- □ そば 옆, 곁
- □ 御者 마부
- □ 周り 주위
- □ 降る 내리다
- □ 神様 신, 하느님, 하나님
- □ 厭う 싫어하다, 꺼리다
- □ 下る 내려가다, 내리다
- □ 熊手 갈퀴
- □ 王様 임금님, 왕
- □ 時計 시계
- □ ~代わり (명사에 붙어) ~의 대용물
- □ 回る (시각이) 지나다, 돌다
- □ 正午 정오

위해 만들었어요. 그것보다 멀리 네 개의 반짝이는 차축을 가진 '영혼의 이륜마차'(큰곰자리)가 보이지요? 그 앞을 가는 세 개의 별은 '세 마리 말'이고 그 세 번째 별의 바로 옆에 있는 작은 것은 '마부'. 그 주변에 별들의 비가 내리고 있는 거, 보이지요? 저것은 하느님께서 함께 있는 것을 싫어하시는 영혼들……. 좀 더 내려가면 '갈퀴' 또는 '세 명의 왕'(오리온자리). 저것은 우리에게는 시계 대용품 역할을 하고 있어서, 저것을 보면 지금은 밤 12시가 지났다는 것을 알 수 있지요. 좀 더 내려가면 항상 정오

★ 大熊座

북극성 주위에서 가장 크고 밝게 빛나는 별자리로, 5월 초순에 자오선을 통과한다. 북두칠성은 곰의 허리와 꼬리에 해당하여 그 모양이 국자와 비슷하다.

★ オリオン座

쌍둥이자리와 에리다누스강자리 사이에 있는 별자리이다. 겨울철 남쪽 하늘의 별자리로 2월 초순에 자오선을 통과한다.

方角(ほうがく)に、“ジャン・ド・ミラン”という夜空のたいまつ(シリウス*)が光(ひか)っている。あの星については、羊飼いたちの間(あいだ)に伝(つた)わる話があるんです。それによると[12]、ある晩(ばん)“ジャン・ド・ミラン”は、“三人の王様”と“ひよこ籠(かご)”(昴(すばる)*)といっしょに、ある友(とも)だちの星の結婚式(けっこんしき)に招(まね)かれた。“ひよこ籠”は誰(だれ)よりも急(いそ)いで真(ま)っ先(さき)に出発(しゅっぱつ)し、いちばん高(たか)いところへ行ったそうです。あそこを見て。あの高い、空のいちばん深いところです。“三人の王様”は、それより低(ひく)いところを横切(よこぎ)って、追(お)いついた。けれども、怠(なま)け者(もの)の“ジャン・ド・ミラン”は寝過(ねす)ごしてしまい、すっかり遅(おく)れてしまった。それで、かっとなり、

- □ たいまつ 횃불
- □ 光る 빛나다
- □ 伝わる 전해지다
- □ 晩 저녁때, 밤
- □ ひよこ籠 병아리장
- □ 友だち 친구
- □ 結婚式 결혼식
- □ 招く 초대하다
- □ 急ぐ 서두르다
- □ 真っ先 맨 앞, 맨 먼저
- □ 高い 높다
- □ ところ 곳
- □ 低い 낮다
- □ 横切る 가로시르다, 횡단하다
- □ 追いつく 따라잡다
- □ 怠け者 게으름뱅이
- □ 寝過ごす 늦잠 자다
- □ 遅れる 늦다
- □ かっとなる 발끈하다

방향에 '장 드 밀랑'이라는 밤하늘의 횃불(시리우스)이 빛나고 있어요. 저 별에 대해서는 양치기들 사이에 전해지는 이야기가 있어요. 그것에 따르면, 어느 밤 '장 드 밀랑'은 '세 명의 왕'과 '병아리장'(묘성)과 함께 어떤 친구 별의 결혼식에 초대받았습니다. '병아리장'은 누구보다도 서둘러서 맨 먼저 출발해 가장 높은 곳으로 갔다고 합니다. 저기를 보세요. 저 높은 하늘의 가장 깊은 곳입니다. '세 명의 왕'은 그것보다 낮은 곳을 가로질러서 따라잡았습니다. 하지만 게으름뱅이 '장 드 밀랑'은 늦잠을 자서 완전히 늦어 버리고 말았습니다. 그래서 발끈하여

---

12 **～によると ~에 따르면, ~에 의하면** [명사+によると]

정보의 출처를 나타낸다.

天気予報(てんきよほう)によると、今夜(こんや)は雪(ゆき)が降(ふ)るそうです。
일기예보에 따르면 오늘 밤에는 눈이 내린다고 합니다.

★ シリウス

큰개자리에서 가장 밝은 청백색의 별이다. 하늘에서 볼 수 있는 가장 밝은 별로, 백색 왜성과 쌍성을 이루고 있다. 한국과 중국에서는 천랑성이라고 부른다.

★ 昴

황소자리의 플레이아데스성단에서 가장 밝은 6~7개의 별로, 주성(主星)은 황소자리의 이타성이다.

彼らの行く手を妨げようとして[13]、杖を投げた。それで、“三人の王様”は“ジャン・ド・ミランの杖”とも呼ばれている……。だけど、星たちの中でいちばん美しいのは、夜明けに羊たちを連れ出すときに光っていて、それから夕方、羊たちを戻すときにも光っている僕たちの星、羊飼いの星なんですよ。僕たちはあれを“マグローヌ”と呼んでいるんだけど、美女マグローヌは“プロヴァンスのピエール”（土星*）を慕っていて、七年に一度、その星に嫁入りするんです」

- □ 彼ら 그들〈彼의 복수〉
- □ 行く手 앞길, 가는 길
- □ 妨げる 가로막다, 방해하다
- □ 投げる 던지다
- □ 夜明け 동틀 무렵, 새벽
- □ 連れ出す 데리고 나가다
- □ 戻す 되돌리다, 도로 데려오다
- □ 美女 미녀
- □ 慕う 사모하다, 뒤를 좇다
- □ 嫁入りする 시집가다

그들의 앞길을 가로막으려고 지팡이를 던졌습니다. 그래서 '세 명의 왕'은 '장드 밀랑의 지팡이'라고도 불리고 있습니다……. 그런데 별들 중에서 가장 아름다운 것은, 새벽에 양들을 데리고 나갈 때 빛나고 있고 또 저녁에 양들을 데리고 들어올 때도 빛나고 있는 우리의 별, 양치기의 별이에요. 우리는 그것을 '마글론느'라고 부르고 있는데, 미녀 마글론느는 '프로방스의 피에르'(토성)를 사모해서 7년에 한 번씩 그 별에 시집을 갑니다."

---

13 ~(よ)うとして ~하려고 [동사 의지형+として]

뒤에 따르는 말에 대한 행동의 의도를 나타낸다. 주로 제3자에 대해 사용한다. 자신에 대해 사용하는 경우는 '~(よ)うと思って'라고 한다.

彼女は帰ろうとして椅子(いす)から立(た)ち上(あ)がった。
그녀는 돌아가려고 의자에서 일어났다.

*** 土星**

태양에서 여섯째로 가까운 행성이다. 태양계의 행성 가운데 둘째로 큰 행성으로, 둘레에 아름다운 큰 고리 같은 테가 있다.

「まあ。じゃあ、星の嫁入りがあるってこと[14]？」

「そうですよ」

そして、その嫁入りがどんなものなのか説明(せつめい)しようとしたとき、僕の肩(かた)に何かひんやりしたものが、軽(かる)くのしかかるのを感(かん)じた。それは、眠気(ねむけ)でぼんやりした彼女の頭が、リボンとレースと波打つ髪(かみ)をそっと押(お)しつけながら、僕にもたれかかってきたのだった。そんなふうにして彼女は、夜の星たちが色褪(いろあ)せていき、一日の始(はじ)まりとともに消(き)え去(さ)るまで、じっとしたままだった。

- □まあ 놀랐을 때 내는 소리, 어머, 어머나
- □どんな 어떤
- □説明する 설명하다
- □ひんやり 찬 기운을 느끼는 모양. 썰렁, 선뜩
- □軽い 가볍다
- □のしかかる 덮치다, 덮쳐 누르다
- □感じる 느끼다
- □眠気 졸음
- □ぼんやりする (의식이) 흐려지다
- □髪 머리카락
- □そっと 살그머니, 살짝
- □押しつける 누르다
- □もたれかかる 기대다, 의지하다
- □そんなふうにして 그런 식으로
- □色褪せる 빛이 바래다, 퇴색하다
- □始まり 시작
- □～とともに ~와 함께
- □消え去る 사라지다
- □じっとする 가만히 있다

"어머! 그러면 별의 결혼이 있다는 뜻?"

"그럼요."

그리고 그 결혼이 어떤 것인지 설명하려고 했을 때, 나의 어깨에 무언가 차가운 것이 가볍게 덮치는 것을 느꼈다. 그것은 졸음으로 무거워진 그녀의 머리가, 리본과 레이스와 물결치는 머리카락을 살짝 누르면서 나에게 기대온 것이었다. 그런 식으로 그녀는 밤의 별들이 빛을 잃어가고 하루의 시작과 함께 사라질 때까지, 가만히 있었다.

---

14 ~ってこと(＝ということ) ~(이)라는 말, ~(이)라는 뜻
[동사 · い형용사 · な형용사 · 명사 보통형+ってこと]

어떤 상황에 대한 해석을 서술하는 표현이다.

黙(だま)っているのは、自分(じぶん)の過失(かしつ)を認(みと)めたってことだ。
침묵하는 것은 자신의 과실을 인정했다는 뜻이다.

僕は、眠る彼女を見つめながら、心(こころ)の底(そこ)で少し動揺(どうよう)はしていたけれど、この澄んだ夜のおかげで清(きよ)く護(まも)られ、美しい考えしか浮(う)かばなかった。僕たちのまわりには、星たちが、音もなく行進(こうしん)を続(つづ)けていた。あたかも羊の大群(たいぐん)のように、おとなしく。それで、ときどき僕は、こんな想像(そうぞう)をした。あの星たちのうちで、いちばん美しく、いちばん明(あか)るい星が、道に迷(まよ)ってしまい、僕の肩の上に降(お)り立(た)って眠っているのだと……。

- 心の底 마음속
- 動揺 동요
- 清い 맑다, 깨끗하다
- 護る 보호하다, 지키다
- まわり(周り) 주위
- 行進 행진
- 続ける 계속하다
- あたかも 마치, 흡사
- 大群 큰 떼, 큰 무리
- おとなしい 온순하다, 얌전하다, 조용하다
- 想像 상상
- 明るい 밝다
- 降り立つ 내려서다, 내려가다

나는 잠든 그녀를 바라보면서 마음속으로 약간 동요는 했지만, 이 맑은 밤 덕분에 성스럽게 보호받아서 아름다운 생각밖에 떠오르지 않았다. 우리 주위에서는 별들이 소리도 없이 행진을 계속하고 있었다. 마치 큰 양 떼처럼 조용하게. 그래서 가끔 나는 이런 상상을 했다. 저 별들 중에서 가장 아름답고 가장 밝은 별이 길을 잃어 버리고, 내 어깨 위에 내려앉아 잠들어 있는 것이라고…….

---

15 ～おかげで ～덕분에 [동사 · い형용사 보통형, な형용사な, 명사の+おかげで]

좋은 결과의 원인을 나타낸다.

この本のおかげで日本語(にほんご)の実力(じつりょく)が向上(こうじょう)した。
이 책 덕분에 일본어 실력이 향상됐다.

著者

알퐁스 도데 (Alphonse Daudet, 1840년~1897년)

프랑스의 소설가. 14세 때부터 시와 소설을 쓰기 시작한 도데는 그의 고향인 프랑스 남부 지방의 인물과 생활을 익살스럽고 정감있게 작품에 표현했다. 그리고 통렬한 풍자의 재능을 발휘하여 의학론 · 소설 · 정치평론 · 문예비평 · 회상록 등 다방면에 걸친 작품을 80권 가까이 썼으며, 하원의원에 당선되어 활동하기도 했다.

작품으로는 시집 「연인들」과 단편집인 「방앗간 소식」, 장편소설 「동생 프로몽과 형 리슬레르」 등이 있다.

다락원 일한 대역문고 – 중급10

마지막 수업
最後の授業

일본어 역자 尾崎達治
한국어 역자 尾崎達治
펴낸이 정규도
펴낸곳 (주)다락원

초판 1쇄 발행 2008년 10월 27일
초판 3쇄 발행 2017년 4월 17일

편집국장 김현자
책임편집 송화록, 임혜련
교정 권기정
디자인 이수민
일러스트 박새미

경기도 파주시 문발로 211
Tel: (02)736-2031 Fax: (02)732-2037
(내용문의: 내선 460~466 / 구입문의: 내선 250~252)
출판등록 1977년 9월 16일 제300-1977-23호

가격 12,000원(교재+오디오CD 1장)

ISBN 978-89-5995-380-6 18730 978-89-5995-296-0(set)